Ars Notoria

Du même auteur chez Unicursal :

Ars Almadel *Salomonis* (Lemegeton Livre IV)
Ars Paulina (Lemegeton Livre III)
Ars Theurgia Goetia (Lemegeton Livre II)
GOETIA — Petite Clé du Roi *Salomon* (Lemegeton Livre I)
Draconia : Les Enseignements Draconiques
de la Véritable Magie des Dragons
Draconia Tome 2 : Le Code Draconique au Quotidien
La Science des Mages : Traité Initiatique de Haute Magie
Magie Blanche : Formulaire Complet de Haute Sorcellerie

Copyright © 2019 Marc-André Ricard
www.maricard.com

Éditions Unicursal Publishers
www.unicursalpub.com

ISBN 978-2-89806-044-1

Première Édition, Lughnasadh 2019

Tous droits réservés pour tous les pays.

Ars Notoria

LEMEGETON LIVRE V

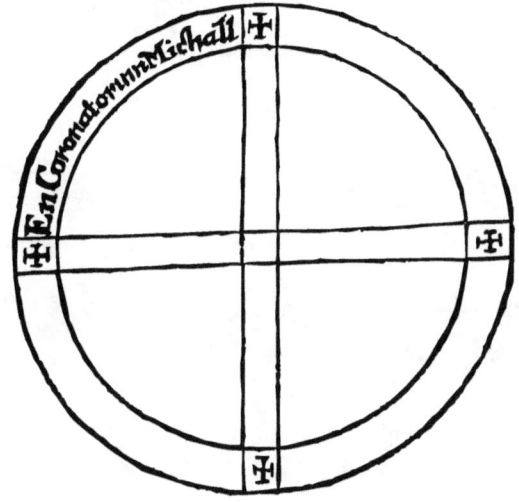

Traduction, Édition & Introduction
par
Marc-André Ricard

Unicursal

Ars Notoria:
THE
NOTORY ART
OF
SOLOMON,

Shewing the
CABALISTICAL KEY

of
- Magical Operations,
- The liberal Sciences,
- Divine Revelation, and
- The Art of Memory.

Whereunto is added

An Astrological Catechism,

fully demonstrating the Art of
JUDICIAL ASTROLOGY.

Together with a rare Natural secret, necessary to be learn'd by all persons; especially Sea-men, Merchants, and Travellers.

An excellent Invention, done by the Magnetick Vertue of the Load-stone.

Written originally in Latine, and now Englished by ROBERT TURNER Φιλομαθής.

London, Printed by *J. Cottrel*, and are to be sold by *Martha Harison*, at the Lamb at the East-end of Pauls. 1657.

The **Notory Art** of Solomon Shewing the Cabalistical Key of { Magical Operations. The Liberal Sciences. Divine Revelation, & The Art of Memory. }

It is called the Notory Art because in certain Breif Notes it teacheth and comprehendeth the knowledge of all Arts.

This fifth Part is a Booke of Orations and Prayers that wise Solomon used upon the Altar in the Temple, called Ars Nova, & was Reveald to Solomon

Ms Harley 6483 - Liber Malorum Spiritum seu Goetia

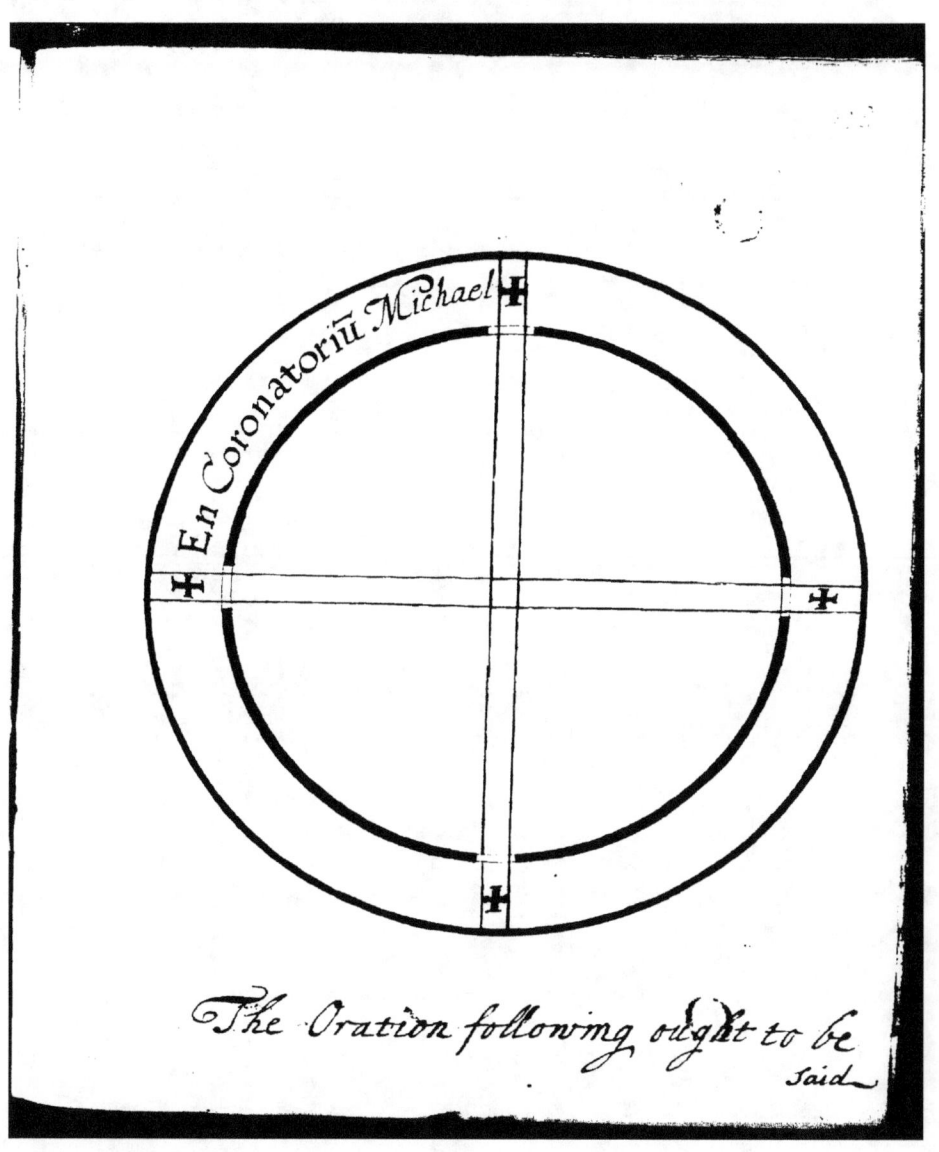

17ᵉ siècle – British Museum.

Préface de l'éditeur

Nous voici finalement arrivé au terme de l'œuvre avec le cinquième et dernier livre du Lemegeton, qui se nomme l'Art Notoire de Salomon ou, plus particulièrement, *Ars Notoria*. Si vous avez cheminé avec moi tout au long de cette quête du savoir et de la connaissance à travers les précédents tomes de Magie Évocatoire et Cérémonielle du Lemegeton, vous remarquerez qu'il n'y a ici aucun Esprit à invoquer, ni aucun Démons à évoquer sous apparence visible sinon que l'unique et toute puissance Divine.

Comme je l'ai brièvement expliqué dans le premier livre *Goetia*, les Arts Notoires de Salomon constituent un recueil médiéval pouvant dater d'aussi loin que du 13e siècle. Ce texte est centré sur une collection d'Oraisons et de Prières de grandes vertus que l'opérant prononcera à certains moments du jour ou de la nuit, selon les préceptes de l'Art et suite à l'observation du parcours de l'astre lunaire. Ce manuscrit aurait été révélé à Salomon par l'Archange Michael, qui lui aurait également remit de brèves notes écrites par

Dieu, à l'aide desquelles Salomon aurait ainsi acquis sa grande sagesse et toutes ses connaissances des Arts et des Sciences.

Nous pourrions dire, sans craindre de nous tromper, que ce cinquième tome complète l'Opus du Lemegeton par une œuvre de très grande piété, car la Divinité Suprême y sera sans cesse exaltée et suppliée. Contrairement aux œuvres précédentes, ce texte ne comporte pas de rituel proprement dit, mais plutôt une marche à suivre qu'il faudra mettre en pratique à l'aide d'une certaine figure de l'Art. Ainsi, l'opérateur s'en remettra uniquement dans la foi qu'il porte en la Puissance Céleste et aux pouvoirs bénéfiques des Anges afin de voir ses opérations couronnées de succès. Bien qu'il soit indiqué dans le manuscrit que celui qui prononcera ces oraisons aura la possibilité de découvrir et déterrer des minéraux et des trésors (ce qui semble être un désir commun pour cette époque), il sera toutefois mentionné plus souvent qu'autrement comment parvenir sur un plan moins matériel, grâce aux oraisons et aux prières, à développer la mémoire, l'éloquence, l'apprentissage et les connaissances des Arts et des Sciences, ce qui ma foi, n'est pas du tout vilain en soit, compte tenu de tout ce qu'un tel bagage de connaissances peut apporter à l'âme humaine.

Pour la traduction de cette édition, je me suis principalement basé sur la traduction anglophone de Robert Turner datant de 1657, qui lui-même traduisit l'œuvre du latin. J'ai corroboré le tout en suivant également le manuscrit Sloane 3825 du British Museum. J'avoue que dans les cinq tomes du Lemegeton, ce dernier fut le moins aisé à traduire en raison du vieil anglais utilisé par Turner qui comporte à certains moments de bien étranges tournures de phrases rendant ici et là les explications légèrement difficiles à saisir si on en fait rapidement la lecture.

Heureusement pour vous, praticien des art occultes, ce texte vieux de presque 4 siècles vous a patiemment attendu jusqu'à aujourd'hui. Vous avez donc tout le loisir de prendre votre temps pour l'étudier proprement avant de le mettre en pratique.

Cher ami lecteur, magicien ou simple curieux, je souhaite de tout cœur que vous apprécierez le fruit de ce long travail ardu et que, s'il en plaît au *Grand Ciel*, vous puissiez être comblé par toutes les merveilles et les splendeurs que cet Art puisse receler.

M. -A. Ricard ~555

l'Épître Dédicace.

À son ingénieux et respecté ami M. William Ryves, de St. Saviors Southwark, étudiant en Physique et en Astrologie.

Monsieur.

La profonde inspection et les perçants *yeux de colombe* de votre appréhension envers les profonds Cabinets des *Arcanes* de la Nature me séduit (si je n'avais pas d'autres engagements Magnétiques attrayants,) pour régler cette Optique devant notre vue : pas que cela puisse ajouter à votre savoir ; mais par le courage de votre jugement, soyez muré contre l'art-condamnant et la vertu-méprisante des *Calomniateurs*. Je sais que la candeur de votre Ingéniosité va plaider mon excuse, et me sauver de ce labeur ; en attendant d'être

Petite Bretagne, le ♀. en ☉. en ♎
6. 49. 16, 6.

Votre véritable et affectueux Ami,

ROBERT TURNER.

Aux Lecteurs Ingénieux.

Parmi le reste des travaux de mes longues heures d'Hiver, soyez heureux d'accepter ceci comme une fleur du Soleil; que j'ai transplantée des copieuses rives Romaines dans le sol Anglais; où j'espère elle fleurira et étendra ses branches, prouvant ne pas être une courge périssable, mais plutôt un Laurier perpétuellement vert, desquels Auteurs disent que c'est la plante du bon Ange, et qui défend toutes les personnes près de son ombre contre les Éclairs et les coups de Tonnerre Pénétrants; alors est-ce que ce sera une fleur digne du Jardin de chaque homme; ses vertus, si pratiquées, seront bientôt connues et les éclats de vice dispersés: son sujet est trop sublime pour être dépêché. Ne laissez pas le dénigreur malhonnête, ni le critique amer et envieux râler; ne laissez pas les ignorants aboyer à ce qu'ils ne connaissent point; ici ils n'apprennent rien de tel: et contre leurs Calomnies, le livre que je justifie ainsi: *quod potest per fidem intelligi, & non aliter, & per fidem in eo operare potes.* Διὰ πίστεως κατηγωνίσαντο βασιλείας, εἰργάσαντο δικαιοσύνην, ἐπέτυχον ἐπαγγελιῶν, ἔφραξαν στόματα λεόντων. Ἔσβεσαν δύναμιν πυρός, &c. Héb. 11. &c. et ma propre intention je démontre donc; *Dico coram omnipotenti Deo, & coram Jesu Christo unigento Filio ejus, qui judicaturus est vivos & mortuous; quod omnia & singula quæ in hoc opere dixi, omnesque hujus Scientiæ vel artis proprietates, & uniuersa quæ ad ejus speculationem pertinent, vel in hoc Volumine continenter, veris & naturalibus principiis innituntur, fuintque cum Deo & Bona Conscientia, sine injuria Christianæ fidei, cum integritate; sine superstitione vel Idololatria quacunque, & non dedeceant virum sapientem Cbristianum bonum atque fidelem; Nam & ego Christianus sum, baptizatus in nomine Patris, &c. quam fidem cum Dei auxilio quam diu vixero firmiter inviolatam tenebo; Procul ergo absit a me, discere aut scribere aliquid Christianæ fidei & puritati contrarium, sanctis moribus noxium, aut quomodolibet adversum. Deum timeo & in ejus cultum Juravi, a quo nec vivus nec (ut confido) mortuus separabor:* Je recommande par conséquent ce petit traité à tous les amateurs d'art et d'apprentissage, par lequel j'espère ils atteindront leurs désirs, quantum a Deo concessi erit; afin je l'espère ne pas avoir jeté une Perle devant le pourceau, mais plutôt un verre devant les colombes reconnaissantes.

12 mars 1656.
ROBERT TURNER

Introduction.

Cela s'appelle l'Art Notoire car en quelques notes concises, il enseigne et comprend toute la connaissance de tous les arts. Cette cinquième partie est un livre d'oraisons et de prières, nommé *Ars Nova*, que le sage *Salomon* utilisa sur l'autel du temple & lequel fut révélé à *Salomon* par le saint Ange de Dieu nommé Michael, lequel lui remit aussi de brèves notes écrites par le doigt de Dieu, dans des fracas de tonnerres, notes sans lesquelles *Salomon* n'aurait jamais acquis sa grande connaissance, notes qui constituent l'Art Notoire.

Ceci est une fleur du soleil (comme l'appelle le Dr Rudd) adaptée au Jardin de tous les hommes ; ses vertus, si pratiquées, seront bientôt connues, et les éclats de vice dispersés. Son thème est trop sublime pour être exprimé *quod portess per fidem intelligi et non aliter et perfidem in es sporare potes.*

Et Dr Rudd dit dans la justification de ce livre et de lui-même — *Dico coram ... separabor.*

l'Art Notoire
de Salomon.

l'Art Notoire révélé
par le Plus Haut Créateur à Salomon.

Au nom de la sainte et indivisée Trinité, débute ce très saint Art de la Connaissance, Révélé à SALOMON, de qui le Très-Haut Créateur, par son saint Ange, apporta à SALOMON sur l'Autel du Temple ; et ainsi en peu de temps il acquis tous les Arts et toutes les Sciences, autant Libérales que Mécaniques, avec toutes leurs Facultés et Propriétés. Il les infusa aussi soudainement en lui, et il fut également empli de toute la sagesse pour proférer les mystères sacrés de la plupart des paroles saintes.

Alpha et *Omega!* O Dieu Tout-Puissant, le commencement de toutes choses, sans début et sans fin. Gracieusement, entends mes prières en ce jour ; ne me rends pas selon mes péchés, ni selon mes iniquités, O Seigneur mon Dieu, mais selon ta miséricorde, qui est plus grande que toutes les choses visibles et invisibles. Aie pitié de moi, O Christ, la Sagesse du Père, la Lumière des Anges, la Gloire des Saints, l'Espoir, le Refuge et le Soutien des Pécheurs, le Créateur de toutes choses, le Rédempteur de toutes les Faiblesses humaines, qui tient le Ciel, la Terre, la Mer, et le Monde entier dans la paume de ta Main. Humblement je t'implore et te supplie, que tu puisses miséricordieusement avec le Père, illuminer mon Esprit avec les rayons de ton Saint-Esprit, afin que je parvienne à atteindre la perfection de ce très saint Art, et que je puisse acquérir la connaissance de toute Science, Art et Sagesse et de chaque Faculté de la Mémoire, de l'Intelligence, de la Compréhension et de l'Intellect, par la Vertu et la Puissance de ton très saint Esprit, et en ton Nom. Et toi, O Dieu mon Dieu, qui au commencement as créé le Ciel et la Terre, et toutes choses à partir de rien ; qui reforme et crée toutes choses par ton propre Esprit ; achève, complète, rétabli, et implante une bonne Compréhension en moi, afin que je puisse te glorifier dans toutes tes Œuvres, dans toutes mes Pensées, Paroles et Actions. O Dieu le Père, confirme et accorde-moi ma prière, et augmente ma Compréhension et ma Mémoire, et renforce-les afin que je puisse connaître et recevoir la Science, la Mémoire, l'Éloquence et la Persévérance dans tous les types d'Apprentissage, qui vit et règne pour les siècles des siècles. *Amen.*

Ici commence le premier Traité de cet Art, que Maître Apollonius appelle Les Fleurs Dorées, étant l'Introduction générale à toutes les Sciences Naturelles ; et ceci Confirmé, Composé et Approuvé par les autorités de Salomon, Manichæus et Euduchæus.

M oi, *Apollonius* Maître des Arts, dûment nommé, à qui la Nature des Arts Libéraux a été accordée, j'entends à traiter du Savoir des Arts Libéraux, et de la connaissance de l'Astronomie ; et à l'aide de Documents et Expériences, une Connaissance Concise et Compétente des Arts peut être obtenue ; et comment les plus hauts et les plus bas Mystères de la Nature peuvent être efficacement divisés, et ajustés et appliqués à la Nature des Temps ; et quels sont les jours et les heures propices à choisir pour les œuvres et les Actes des hommes, à commencer et à finir ; quelles Qualifications un homme doit posséder pour atteindre l'Efficience en cet Art ; et comment il doit disposer des actions de sa vie, et étudier et contempler le Cours de la Lune. Par conséquent, en premier lieu, nous énoncerons certains préceptes de la Science Spirituelle ; que tout ce dont nous avons l'intention de mentionner, puisse être atteint dans le bon ordre. Ne vous étonnez donc pas, à ce que vous allez entendre et voir dans le Traité suivant, et que vous puissiez trouvez un Exemple d'un tel inestimable Apprentissage.

Certaines des choses qui suivent, que nous vous livrerons sous forme d'Essais aux Effets merveilleux, et avons extraites des plus anciens Livres des Hébreux ; qui lorsque vous les verrez, (bien qu'elles soient usées et oubliées de toute Langue humaine) considérez-les néanmoins comme des Miracles. Car j'admire vraiment la grande Puissance et l'Efficacité des Mots contenus dans les Œuvres de la Nature.

De quelle efficacité sont les mots.

Il y a tant de Vertu, de Puissance et d'Efficacité dans certains Noms et Paroles de Dieu, que lorsque vous lisez ces dites paroles, cela aidera et augmentera immédiatement votre Éloquence, de sorte que vous deviendrez éloquent de parole par ces derniers et atteindrez ultimement les Effets des puissants Noms Sacrés de Dieu : mais d'où provient le pouvoir de ceux-ci, cela vous sera pleinement démontré dans les Chapitres des Prières qui suivent : et ceux qui suivant près de notre main, nous leur dévoilerons.

Une explication de l'Art Notoire.

Cet Art est divisé en deux parties : La première contient les Règles générales, la seconde les Règles spéciales. Nous en venons d'abord aux Règles spéciales ; c'est-à-dire, premièrement, une triple, puis ensuite une quadruple Division : et en troisième lieu nous parlerons de Théologie ; Sciences desquelles vous allez acquérir par la Pratique de ces Oraisons, si vous les prononcez comme elles sont écrites.

Il y a donc certaines Notes de l'Art Notoire qui nous sont évidentes ; la Vertu dont la Raison Humaine ne peut pas comprendre. La première Note prend son sens de l'Hébreu ; qui bien que l'expression puisse être concise en très peu de mots ; néanmoins, dans l'expression du Mystère, elles ne perdent aucunement leurs Vertus [les Notes]. Que ce qui peut être décrit comme leurs Vertus, ce qui se produit et découle de leur prononciation, doit être grandement admiré.

* L'utilisation de [crochets] dans le texte sert uniquement à faciliter la compréhension du manuscrit, sans toutefois faire partie du texte original.

{Règles Générales}*

Le Premier Précepte.

Hely Scemath, Amazaz, Hemel; Sathusteon, hheli Tamazam, &c. que *Salomon* a intitulé Sa première Révélation ; et cela sans aucune Interprétation : C'est une Science d'une pureté si Transcendante qu'elle tire ses Origines du plus profond de la *Chaldée*, de l'*Hébreu* et des Langues *Grecques* ; et ne peut donc, en aucun cas, être pleinement expliquée par la pauvreté des schèmes usés de notre Langue. Et de quelle nature est l'Efficacité des mots précédemment mentionnés, *Salomon* lui-même décrit dans son Onzième livre, *Helisoe*, la toute Grande Gloire du Créateur : mais l'ami et successeur de *Salomon*, c'est-à-dire *Apollonius*, avec quelques autres, à qui cette Science fut présentée, ont expliqué la même chose et l'ont défini comme étant le plus Saint, Divin, Profond et Grand des Mystères ; et à ne pas révéler ni prononcer sans Révérence et une grande Foi.

Mandat Spirituel de l'Oraison précédente.

Avant que quiconque débute ou prononce les Oraisons contenues dans cet Art, afin de les mettre à exécution, laissez-les toujours d'abord commencer par répéter dévotement et respectueusement cette Prière.

Si quiconque cherchait dans les Écritures, ou s'il comprenait, ou de façon éloquente prononçait un passage de l'Écriture, qu'il prononce les paroles de la Figure suivante, à savoir, *Hely Scemath*, tôt le matin en cette journée où vous commencerez toute œuvre. Et au Nom du Seigneur, notre Dieu, qu'il prononce avec diligence l'Écriture proposée avec la Prière suivante, laquelle est, *Theos Megale*; Et qui est mystiquement déformée, et miraculeusement et correctement formée des Langues *Hébraïques*, *Grecques* et *Chaldéennes*: et brièvement s'étend dans chaque Langue, peu importe comment elles sont initialement déclarées. La seconde partie de l'Oraison du deuxième Chapitre est tirée de *l'Hébreu*, du *Grec* et du *Chaldéen*; et la Présentation suivante doit être prononcée en premier, c'est une Oraison en Latin. La troisième Oraison des trois Chapitres, doit toujours être répétée en premier au début de chaque Faculté.

L'Oraison est: *Theos Megale, in tu ymas Eurel, &c.*

Ceci démontre comment la Prière suivante est expliquée. Mais même si cela consiste en une brève et particulière explication de cette Oraison; n'allez cependant pas croire que tous les mots sont ainsi expliqués.

La Présentation de cette Oraison.

O Dieu, la Lumière du Monde, Père de l'Immense Éternité, Octroyeur de toute Sagesse et Connaissance, et de toute Grâce Spirituelle ; le plus Saint et Inestimable Dispensateur, sachant toutes choses avant qu'elles ne soient faites ; qui a créé la Lumière et les Ténèbres. Tends ta Main, et touche ma Bouche, et que de ma Langue soit aussi tranchante que l'épée ; pour démontrer ces mots avec Éloquence ; fais de ma Langue une Flèche élue pour déclarer tes Splendeurs, et pour les prononcer de façon mémorable. Envoie ton Esprit Saint dans mon Cœur et mon Ame, O Seigneur, afin de les comprendre et de les retenir, et pour les méditer en ma Conscience : Par le Serment de ton Cœur, c'est-à-dire par la Droite de ta sainte Connaissance, et inspire ta Grâce en moi avec miséricorde. Enseigne-moi et instruis-moi ; Établis le va-et-vient de mes Sens, et que tes Préceptes m'enseignent et me corrigent jusqu'à la fin ; et laisse le Conseil du Très-Haut m'assister à travers ton infinie Sagesse et Miséricorde. *Amen.*

Les paroles de ces Oraisons ne peuvent être entièrement Expliquées.

Ne pensez pas que tous les mots de l'Oraison précédente puissent être traduits dans la Langue Latine : car certains mots de cette Oraison contiennent eux-mêmes un plus grand Sens de Profondeur Mystique, de l'autorité de *Salomon* ; et en référence à ses Écrits, nous reconnaissons que ces Oraisons ne peuvent être expliquées ni comprises par le sens humain. Car il est nécessaire que toutes les Oraisons et les distinctes particularités de l'Astronomie, de l'Astrologie et de l'Art Notoire, soient parlées et prononcées en temps opportun et en leur saison ; et que leurs Opérations soient faites selon la disposition des Temps.

Des Figures Triomphales, comment elles doivent être prononcées avec modération et honnêteté, et dévotement parlées.

Il existe aussi certaines Figures ou Oraisons que *Salomon*, dans *Chaldeack*, a nommé *Hely* ; c'est-à-dire, les Oraisons Triomphales des Arts Libéraux et soudaines excellentes Efficacités des Vertus ; et elles sont l'Introduction à l'Art Notoire. C'est pourquoi *Salomon* en a fait un commencement particulier, qu'elles doivent être prononcées à certains moments déterminés de la Lune ; et ne pas être entreprises, sans considération de la fin. Laquelle aussi *Magister Apollonius* a parfaitement et entièrement enseignées en disant : Quiconque prononcera ces mots qu'il le fasse dans un temps déterminé, et qu'il laisse de côté toutes autres occasions, et il profitera dans toutes les Sciences en un Mois, et les atteindra d'une merveilleuse et extraordinaire façon.

Explications des Lunaisons de l'Art Notoire.

Ce sont les Explications des Lunaisons, et l'Introduction de l'Art Notoire, à savoir, dans le quatrième et le huitième jour de la Lune ; et dans le douzième, seizième, quatre et vingtième [24], huit et vingtième [28] et trentième, doivent être mis en opération. D'où *Salomon* mentionne que pour ces temps, nous donnons la description des périodes de la Lune ; du quatrième jour de la Lune qui sont écrites par les quatre Anges ; et au quatrième jour de la Lune, se manifestent à nous ; et à quatre reprises sont répétées et expliquées par l'Ange, le Messager de ces Oraisons ; et sont également révélées et livrées à nous qui en avons besoin de l'Ange, quatre périodes de l'année, à démontrer l'Éloquence et la Plénitude des quatre Langues, *Grecque*, *Hébraïque*, *Chaldéenne* et *Latine* ; et Dieu qui a déterminé le Pouvoir des Facultés de la Compréhension Humaine aux quatre Quartiers de la Terre ; et aussi les quatre Vertus de l'Humanité, la Compréhension, la Mémoire, l'Éloquence et la Faculté de Régir ces trois-là. Et ces choses doivent être employées comme nous l'avons précédemment mentionné.

Il démontra comment l'Oraison précédente est le Commencement et le Fondement de tout l'Art.

Ceci est la première Figure de l'Art Notoire, laquelle repose manifestement sur une Note Quadrangulaire. Et ceci est la Sagesse Angélique, comprise de peu en Astronomie ; mais dans le Verre de l'Astrologie, on l'appelle l'Anneau de la Philosophie ; et dans l'Art Notoire, il est écrit que c'est le Fondement de toute la Science. Mais il faut la répéter quatre fois par jour, en commençant par une fois le matin, une fois vers la troisième heure, une fois dans la neuvième heure, puis une fois le soir.

L'Oraison précédente doit être prononcée en secret ; et que celui qui la prononce soit seul, et qu'il la prononce d'une voix basse, de sorte qu'il puisse à peine s'entendre. Et c'est la condition, que si la nécessité force quiconque à faire quelques grandes œuvres, qu'il la prononce deux fois le matin, et deux fois vers la neuvième heure ; et qu'il jeûne le premier jour où il la répètera, et qu'il puisse vivre chastement et dévotement. Et voici l'Oraison qu'il devra dire :

C'est l'Oraison des quatre Langues, *Chaldéenne*, *Grecque*, *Hébraïque* et *Latine*, clairement énoncée, qui s'appelle, "la Splendeur ou *Spéculum* de Sagesse." Dans toutes les Lunaisons saintes, ces Oraisons doivent être lues une fois le matin, une fois vers la troisième heure, une fois vers la neuvième heure, et une fois en soirée.

l'Oraison.

*A*zzaylemath, Assay, Lemeth, Azzabue.

La deuxième partie des Oraisons précédentes, qui doit être prononcée une fois seulement.

*A*zzaylemath, Lemath, Azacgessenio.

La troisième partie de l'Oraison précédente, qui doit être prononcée conjointement avec l'autre.

*L*emath, Sebanche, Ellithy, Aygezo.

Cette Oraison n'a aucune Explication en Latin.

C'est une Prière sainte, sans danger de péché qui, selon *Salomon*, est inexplicable par le sens humain. Et il ajouta et dit que son explication est plus prolixe qu'elle ne peut être considérée ou appréciée par l'homme ; espérer aussi ces secrets, ce qui n'est légitime en soi, aucun n'est donné à l'homme de prononcer. Par conséquent, il laisse cette Oraison sans aucune Explications, car aucun homme ne peut atteindre cette perfection : et elle fut laissée si Spirituelle en raison que l'Ange qui la déclara à *Salomon* jeta dessus une interdiction inexcusable, en disant : Veille à ce que tu n'entendes pas la donner à aucun autre, ni expliquer quoi que ce soit de cette Oraison, ni à toi-même, ni à personne près de toi, ni à personne après toi : Car c'est un saint et Sacramentel Mystère qu'en exprimant ces mots, Dieu puisse entendre ta Prière, et augmenter ta Mémoire, ta Compréhension, ton Éloquence et les établir tous en toi. Qu'elle soit lue aux temps convenus de la Lunaison ; au quatrième jour de la Lune, au huitième et au douzième, tel qu'il est écrit et commandé. Prononcez cette Oraison très diligemment quatre fois en ces jours ; croyant sincèrement qu'ainsi votre étude sera soudainement augmentée et rendue claire, sans ambiguïté, au-delà de l'appréhension de la Raison humaine.

De l'Efficacité de cette Oraison qui est inexplicable au sens humain.

Ceci est seulement ce que *Salomon* appelle : Le bonheur de l'Esprit, et M. *Apollonius* lui donne le terme de : La Lumière de l'Ame et le *Spéculum* de Sagesse. Et, je suppose, que l'on peut nommer cette Oraison, l'Image de la Vie Éternelle : sa Vertu et son Efficacité sont si grandes qu'elle est comprise ou appréhendée de très peu, voir aucun.

Par conséquent, après avoir essayé quelques Pétitions, Signes et Préceptes, nous les offrons en guise d'entrée dans ces choses dont nous avons l'intention de parler ; desquelles elles font partie de ce dont nous avons parlé auparavant.

Cependant, avant d'en venir à en parler, il est nécessaire de préciser certaines choses par lesquelles nous pouvons présenter plus clairement et plus simplement notre Histoire comme prévue : parce que comme nous l'avons mentionné plus tôt, il existe certaines Exceptions à l'Art Notoire ; certaines qui sont sombres et obscures, et d'autres claires et manifestes.

Car l'Art Notoire possède un Livre en Astronomie, lequel est le Commencement et la maîtresse, et sa Vertu en est telle que tous les Arts en sont dérivés et enseignés. Et nous sommes en plus à même de savoir, que l'Art Notoire contient et comprend en lui-même, d'une manière merveilleuse, tous les Arts et le Savoir de tout Apprentissage, comme *Salomon* en fut témoin. C'est pourquoi on l'appelle *L'Art Notoire*, parce que dans certaines Notes brèves, il enseigne et comprend la connaissance de tous les Arts : car ainsi le mentionne également *Salomon* dans son Traité *Lemegeton*, c'est-à-dire, dans son Traité de Spiritualité et d'Expériences Secrètes.

Il démontre ici en quoi et comment ces Notes diffèrent dans l'Art ; car une Note représente un certain Savoir par l'Oraison et la Figure précédemment présentées.

$\mathcal{M}$ais une mention doit être faite en son lieu à propos des Oraisons et des Figures, et comment les Notes sont appelées dans l'Art Notoire. Maintenant, il fait mention de cette Oraison, laquelle se nomme

La Reine des Langues : Car parmi ces Oraisons, il y en existe une qui est plus excellente que les autres, que le Roi *Salomon* aurait nommé La Reine des Langues, en raison qu'elle enlève avec un certain Secret, pour ainsi dire, les entraves du Langage, lui conférant une merveilleuse Faculté d'Éloquence. Par conséquent, avant de poursuivre, faites un petit essai avec cette Oraison. Car il s'agit d'une Oraison qui, dans les Écritures, nous est enseignée à toujours avoir dans nos bouches ; mais elle est tirée de la Langue *Chaldéenne*, laquelle même si très courte, est d'une merveilleuse Vertu ; de sorte que lorsque vous lirez cette Écriture, conjointement avec l'Oraison mentionnée, vous ne pourrez garder le silence sur ces choses que la Langue et la Compréhension suggèrent et puissent vous administrer.

L'Oraison suivante est une sorte d'Invocation des Anges de Dieu et elle provoque l'Éloquence et doit être récitée au début de l'Écriture, et au commencement du Mois.

l'Oraison.

*L*ameth, *Leynach, Semach, Belmay* (ces Oraisons n'ont pas de Lunaisons spécifiques, comme l'indiqua le Commentateur au-dessus du Verre, *Azzailement, Gesegon, Lothamasim, Ozetogomaglial, Zeziphier, Josanum, Solatar, Bozefama, Defarciamar, Zemait, Lemaio, Pheralon, Anuc, Philosophi, Gregoon, Letos, Anum, Anum, Anum.*)

Comment cette Oraison doit être prononcée au début de chaque Mois, chastement, et avec un esprit pur.

Il a été enseigné comment l'Oraison précédente, au commencement des Écritures, doit être prononcée le plus secrètement possible, sans que rien ne puisse être conservé de ce que votre Esprit et Compréhension vous soufflent et suggèrent par sa lecture. Puis suivez aussi certains mots, lesquels en sont des Préceptes, qui doivent toujours être entamés au commencement du Mois, de même que dans les autres jours. Je voudrais aussi noter ceci, qu'elle doit être prononcée sagement et avec la plus grande vénération; et jeûner, avant d'avoir à consommer de la Viande ou de la Boisson.

Suit ici la Prière dont nous avons parlé, pour obtenir une bonne Mémoire.

O Dieu Très Puissant, Dieu Invisible, *Theos Patyr Heminas*; par tes Archanges, *Eliphamasay, Gelonucoa, Gebeche Banai, Gerabcai, Elomnit*; et par tes Anges glorieux, dont les Noms sont si Consacrés, qu'ils ne peuvent point être prononcés par nous; lesquels sont: *Do. Hel. X. P. A. Li. O. F. &c.* lesquels ne peuvent être Compris par le Sens Humain.

Voici le Prologue de l'Oraison précédente, qui provoque et procure la Mémoire, et se poursuit avec la Note précédente.

Cette Oraison doit être prononcée suite à la précédente ; c'est-à-dire, *Lameth* : et avec cela : *Je t'en supplie en ce jour, O Theos*, à prononcer toujours comme une seule Oraison continue. Si c'est pour la Mémoire, qu'on la dise au matin ; et le soir, si c'est pour tout autre effet. Et qu'elle soit dite aussi dans l'heure du soir et du matin. Et étant ainsi prononcée avec la précédente Oraison, cela augmentera la Mémoire et aidera contre les imperfections de la Langue.

Ici débute le Prologue de cette Oraison.

Je t'implore, O mon Seigneur, d'éclairer la Lumière de ma Conscience avec la Splendeur de ta Lumière : Démontre et confirme ma Compréhension avec la douce odeur de ton Esprit. Orne mon Ame afin que j'entende ce que j'entends, et ce que j'entends puisse rester dans ma Mémoire. O Seigneur, réforme mon cœur, restaure mes sens et fortifie-les ; comble ma Mémoire de tes Dons. Miséricordieusement ouvre mon âme insipide. O Dieu le plus miséricordieux, fortifie la structure de ma Langue par ton plus glorieux et inexprimable Nom. Toi qui es la Fontaine de toute Bonté ; l'Origine et le Ruisseau de Piété, sois patient avec moi, donne-moi une bonne

Mémoire, et accorde-moi ce que je te demande dans cette sainte Oraison. O toi qui ne Juge pas promptement un pécheur, mais qui plutôt attends miséricordieusement sa Repentance ; Je, bien qu'indigne, te supplie de dissiper la culpabilité de mes péchés, et lave-moi de ma méchanceté et de mes offenses, et accorde-moi mes Pétitions par la Vertu de tes saints Anges, toi qui es un Dieu en la Trinité. *Amen.*

Il montra ici quelques autres Vertus de l'Oraison précédente.

Si vous doutez de toute grande Vision, ce que cela puisse augurer ; ou si vous souhaitez obtenir toute grande Vision à propos de tout danger imminent ou à venir ; ou si vous désirez être rassuré de toute personne absente, prononcez cette Oraison à trois reprises, en soirée, avec grande révérence et dévotion, et vous devriez recevoir et voir ce que vous désirez.

Suit une Oraison de grande Vertu, pour atteindre la connaissance de l'Art de la Physique, ayant aussi beaucoup d'autres Vertus et Efficacités.

Si vous souhaitez obtenir la parfaite connaissance de toute Maladie, si celle-ci tend vers la mort ou la vie : si le malade demeure languissant, tenez-vous devant lui & prononcez cette Oraison à trois reprises avec une grande révérence.

l'Oraison de l'Art de la Physique.

*H*esus fili Dominus Incomprehensibilis : Ancor, Anacor, Anylos, Zohorna, Theodonos, hely otes Phagor, Norizane, Corichito, Anosae, Helse Tonope, Phagora.

Une autre partie de la même Oraison.

Elleminator, Candones helosi, Tephagain, Tecendum, Thaones, Behelos, Belhoros, Hocho Phagan, Corphandonos, Humanænatus & vos Eloytus Phugora : Soyez présents vous les saints Anges, enseignez-moi et annoncez-moi si untel saura récupérer ou s'il mourra de cette Infirmité.

Ceci étant fait, demandez alors à la personne malade — Ami, comment te sens-tu ? Et si elle vous répond, — Je me sens bien à mon aise, je commence à guérir, ou quelques chose de similaire ; alors sachez sans aucun doute que la personne malade guérira. Mais si elle répond, — Je suis gravement malade, ou de pire en pire ; alors concluez-en, sans doute, qu'elle dépérira au matin : mais si elle répond, — Je ne sais pas comment est mon état et ma condition, qu'il soit mieux ou pire ; alors également, vous saurez peut-être qu'elle va succomber ou que sa maladie s'aggravera pour le pire. S'il s'agit d'un Enfant qui n'est pas en âge de formuler une réponse ; ou que le malade languis si grièvement, qu'il ne sait pas, ou n'arrive pas à répondre, prononcez cette Oraison par trois fois ; et ce qui vous sera révélé en premier dans votre esprit, indiquera ce qu'il adviendra de lui.

De plus, si quelqu'un tente de dissimuler et cherche à cacher ou à couvrir son infirmité ; prononcez la même Oraison, et la Vertu Angélique suggérera la vérité en vous. Si le malade se trouvait éloigné ; lorsque vous entendrez son Nom, récitez de même cette Oraison pour lui, et votre esprit vous révélera s'il doit vivre ou mourir.

Si vous sentez le Pouls de quiconque étant malade, tout en prononçant cette Oraison, l'effet de son infirmité vous sera révélé.

Ou si vous prenez le Pouls d'une Femme enceinte, en disant la même Oraison, il sera révélé si elle doit donner naissance à un Mâle ou une Femelle.

Mais sachez que ce Miracle ne provient pas de votre propre Nature, mais de la Nature et de la Vertu des saints Anges ; cela faisant partie de leur Office, afin de vous révéler merveilleusement toutes ces choses.

Si vous doutez de la Virginité de qui que ce soit, prononcez cette Oraison dans votre esprit, et il vous sera révélé si elle est Vierge ou Corrompue.

Suit ici une Préface efficace d'une Oraison, révélant quelle Vertu et Efficacité vous pourrez ainsi prouver chaque jour.

Salomon dit de cette Oraison que, par celle-ci, une nouvelle connaissance de la Physique sera reçue de Dieu : sur laquelle il a posé ce commandement et l'appelle le Fondement Miraculeux et Efficace de la Science Physique ; et qu'elle contient en elle la qualité de toute la Science et l'Art Physique : où se trouve contenue un Miracle plutôt spécial et merveilleux, puis terrible ou effrayant, pour aussi souvent que vous en ferez la lecture, ne prenez pas compte de l'insuffisance des mots, mais louez plutôt la Vertu d'un si grand Mystère. Car *Salomon* lui-même parlant de la subtilité de l'Art Notoire, admire merveilleusement l'Aide Divine ; à savoir, parce que nous avons proposé une grande chose, c'est-à-dire, tant de si nombreux et si grands Mystères de la Nature, contenus en une brièveté si trompeuse, que je suppose qu'ils deviennent un Problème général d'être proposés à même l'ordination d'un travail aussi subtil et excellent ; que l'esprit du Lecteur ou de l'Auditeur puisse être d'autant plus confirmé et convaincu.

> **Il démontre ici comment chaque Note de chaque Art doit exercer son propre Office ; et que les Notes d'un Art ne profitent pas à la connaissance d'un autre Art ; et nous devons savoir que toutes les Figures ont leurs propres Oraisons.**

Nous arrivons maintenant, selon nos forces, à diviser les familles de l'Art Notoire ; et laissant cette partie qui est naturelle, nous en arrivons aux plus grandes parties de l'Art : car

Salomon, un grand Compositeur et le plus grand Maître des Arts Notoires, y inclus divers Arts sous la Notion ci-dessus. Par conséquent, il nomme cela un Art Notoire, parce que ceci devrait être l'Art des Arts, et la Science des Sciences ; qui comprend en soi tous les Arts et toutes les Sciences, Libéraux et Mécaniques. Et ces choses qui en d'autres Arts sont remplies de longues et fastidieuses locutions, remplissant de grands et prolixes Tomes et Livres, fatiguant l'Étudiant à travers tout le temps qui lui est nécessaire pour les comprendre. En cet Art elles sont comprises brièvement en quelques mots ou écritures, de sorte qu'on y découvre ces choses qui sont dures et difficiles, rendant ainsi savant, celui qui est ingénieux, en très peu de temps par la merveilleuse et inconnue Vertu des mots.

C'est pourquoi, nous à qui une telle faculté de la connaissance des Écritures des Sciences est accordée, avons entièrement reçu ce grand présent et inestimable bénéfice de la grâce débordante du plus haut Créateur. Et tandis que tous les Arts ont leurs diverses Notes bien disposées et signifiées par leurs Figures ; et la Note de chaque Art, n'a pas la fonction de transcender vers un autre Art, ni les Notes d'un Art ne profitent ni aident à la connaissance d'un autre Art. Cela peut donc sembler un peu difficile, comme ce petit Traité, qui peut être appelé un *Preludium* à l'Ensemble de l'Art : nous allons expliquer les Notes séparément ; et nous chercherons diligemment, par la Divine Providence, ce qui est le plus nécessaire dans les nombreuses Sciences de l'Écriture.

Un certain Précepte Spécial.

*I*l nous est nécessaire, et nécessairement nous supposons que cela sera profitable pour la postérité, que nous sachions comment interpréter en de brefs et succincts Traités les grands Volumes prolixes de l'écriture ; ce qui pourrait être facilement réalisable, nous en sommes à rechercher diligemment le moyen d'y parvenir, tiré des trois plus anciens Livres qui ont été composés par *Salomon* ; la principale et première chose à comprendre, c'est que l'Oraison qui précède le second Chapitre doit être employée bien avant chaque verbalisation, dont le commencement débute à *Assay* : et les mots de l'Oraison doivent être prononcés dans un temps opportun ; mais la partie suivante de l'Oraison doit alors être dite principalement lorsque vous désirez la connaissance des Volumes de l'écriture, y compris dans les Notes de celle-ci. La même Oraison doit également être prononcée lorsque vous voudrez clairement et simplement comprendre et expliquer toute Science ou tout grand Mystère, c'est-à-dire proposés à vous soudainement, bien que vous en ayez jamais entendu parler auparavant : encore, dites la même Oraison en ces moments où quelque chose aux importantes conséquences vous importe, ce qu'actuellement vous n'avez pas la faculté d'expliquer. C'est une Oraison merveilleuse celle que nous avons parlé ; dont la première partie est exposée dans le Volume de la Magnitude de la qualité de l'Art.

l'Oraison.

Lamed, Rogum, Ragia, Ragium, Ragiomal, Agaled, Eradioch, Anchovionos, Lochen, Saza, Ya, Manichel, Mamacuo, Lephoa, Bozaco, Cogemal, Salayel, Ytsunanu, Azaroch, Beyestar, Amak.

Pour l'opération de la Magnitude de l'Art, cette Oraison contient, en deuxième section, un Traité général de la première Note de toute l'Écriture, partie de l'Exposé dont nous avons amplement expliquée dans la Magnitude de la qualité du même Art. Mais le lecteur à peine a-t-il entendu parler de l'admirable Mystère de l'Intellect Sacramentel de cette dernière. Qu'il le prenne pour certitude et sans douter des mots Grecs de l'Oraison susmentionnée, mais que leur commencement est expliqué en Latin.

Début de l'Oraison.

O Mémoire Éternelle et Irrépréhensible ! O Incontournable Sagesse ! O Inchangeable Puissance ! Laisse ta main droite entourer mon cœur, et les saints Anges de ton Conseil Éternel compléter et emplir ma Conscience de ta Mémoire et de l'odeur de tes Baumes ; et laisse la douceur de ta Grâce fortifier et renforcir ma Compréhension à travers la pure splendeur et la luminosité de ton Esprit saint ; par la vertu dont les saints Anges voient et admirent toujours l'éclat de ton visage, et de toutes tes saintes et célestes Vertus ; Sagesse avec laquelle tu as fait toutes choses ; Compréhension par laquelle tu as réformé toutes choses ; Persévérance jusqu'à la béatitude, grâce à quoi tu as restauré et confirmé les Anges ; Amour, par lequel tu as restauré l'Humanité perdue, et l'a élevée après sa chute jusqu'au Paradis ; Apprentissage, grâce auquel tu n'as pas apprécié enseigner à *Adam* la connaissance de chaque Science : Informe, emplis, enseigne, restaure, corrige, et raffine-moi, afin que je sois renouvelé dans la compréhension de tes Préceptes, et recevant les Sciences qui sont profitables à mon Ame et à mon Corps, et pour tous les fidèles croyants en ton Nom qui est béni pour toujours, pour les siècles des siècles.

Voici une Explication aussi particulière de l'Oraison précédente, qu'il a laissée sans explication, à lire par tous ceux qui ont appris cet Art ; et reconnaissent qu'aucun pouvoir humain ni aucune faculté chez l'homme ne suffit pour l'expliquer.

Cette Oraison est aussi appelée par *Salomon* Le Gemme et la Couronne du Seigneur, car il dit qu'elle aide contre les dangers du Feu ou des Bêtes sauvages de la Terre, lorsqu'elle est prononcée avec une foi croyante : car il est affirmé avoir été rapporté par l'un des quatre Anges, à qui a été donné le pouvoir de faire du mal à la Terre, à la Mer et aux Arbres. Il existe un exemple de cette Oraison dans le Livre intitulé *La fleur de l'Apprentissage céleste*; pour ici *Salomon* glorifie Dieu, car en cela il lui inspira la connaissance de la Théologie et l'honora des Mystères Divins de son Omnipotente Grandeur et Puissance: ce que *Salomon* vit dans son Sacrifice nocturne, accordé par le Seigneur son Dieu, il a commodément réunis ensemble les plus grands Mystères dans cet Art Notoire qui étaient de saints, dignes et éminents Mystères. Ces choses et ces Mystères de la Théologie, les Gentils[1] errants n'ont pas tout perdu, ce que *Salomon* nomme Le Signe du saint Mystère de Dieu révélé par son Ange; et ce qui est contenu en eux, est la plénitude de notre dignité et du Salut humain.

La première de ces Oraisons que nous appelons Spirituelle, enseigne par sa Vertu la Divinité et en conserve le souvenir.

Ce sont aussi des Oraisons qui sont d'une grande vertu et d'une grande efficacité pour notre Salut. La première de celles-ci est Spirituelle et enseigne la Divinité; et aussi la Persévérance dans la Mémoire de celle-ci. C'est pourquoi *Salomon* commanda qu'elle soit appelée le Signe de la Grâce de Dieu, car, comme il est dit dans l'*Ecclésiaste*: *C'est la Grâce Spirituelle de Dieu qui m'a donné la connaissance afin d'être capable de traiter de toutes les plantes, du Cèdre du Liban à l'Hysope qui pousse sur le mur.*

---

1   Qui signifie dans un contexte biblique *Infidèles* ou *Païens*.

Le choix du temps en quelle Lunaison ces Oraisons doivent être prononcées.

La première Oraison doit être répétée une fois dans la première Lunaison; trois fois dans la troisième; six fois dans le sixième; neuf fois dans la neuvième; douze fois dans la douzième; dix-sept fois dans la dix-septième; et dans la dix-huitième, autant de fois; dans la vingt-sixième, autant; dans la vingt-neuvième, autant; et autant de fois dans la trente-neuvième : car cette Oraison est d'une si grande vertu et efficacité que vous devrez également la réciter le jour même, comme s'il en avait été exigé par le Père. Cela augmentera vos connaissances dans la Science de la Divinité.

Mais si dans le cas contraire vous êtes ignorant et que cela a été perçu par vos Compagnons, vos Supérieurs ou vos Inférieurs, bien qu'envers les autres vous paraissez être savant; entrez dans l'étude de la Divinité et écoutez les Lectures pour l'espace de quelques mois, dissipant tout doute hors de vous, de ceux qui vous verront, pour savoir de telles choses. Et au jour où vous les prononcerez, vivez chastement et récitez-les au matin.

Salomon témoigna qu'un Ange prononça dans un Tonnerre l'Oraison suivante, qui se tient toujours en présence du Seigneur, envers qui il n'est pas terrible. Le Mystère ci-dessus est saint et d'une grande efficacité : ni cette Oraison ne devrait être récitée plus d'une fois parce qu'elle incite les Esprits célestes à accomplir tout travail d'envergure.

Il indique à propos de cette Oraison que son Mystère est si grand qu'elle incite les Esprits célestes à accomplir tout travail d'envergure que le permet le Pouvoir Divin. Elle donne également la vertu de son Mystère, qu'elle exalte la langue et le corps de celui qui la parle avec une telle inspiration, comme si un grand et tout nouveau Mystère venait soudainement d'être révélé à sa conscience.

Suit le début de cette Oraison comportant une si grande Vertu et Efficacité, comme nous l'avons dit, à prononcer avec beaucoup de dévotion.

Achacham, Yhel, Chelychem, Agzyraztor, Yegor, &c.

Voici le début de l'Oraison, dont les parties sont au nombre de quatre. Mais quelque chose doit être mentionné à propos de son commencement, et à propos des quatre parties individuellement; et puis entre le début de ces Oraisons qui sont quatre, nous ferons cette compétente division.

Car c'est ce qu'il faut prononcer séparément au début. Et cette Oraison doit être divisée en quatre parties; et la première partie doit être dite, c'est-à-dire, le début, avant que n'importe quelle autre partie de l'Oraison ne soit complétée. Les noms Grecs suivants doivent être prononcés. Il s'agit de la division de ces Oraisons, *Hielma, Helma, Hemna, &c.*

O Dieu le Père, Dieu le Fils, Dieu le Saint-Esprit, Confirme cette Oraison et ma Compréhension et ma

Mémoire, afin de recevoir, de comprendre et de retenir la connaissance de toutes les bonnes Écritures ; et accorde-moi la persévérance dans l'esprit à cet égard.

Voici le début de l'Oraison, qui, comme nous l'avons mentionné précédemment, devrait être prononcée selon ses structures et ses constitutions ; et devrait être répétée en raison de la faculté d'oublier de la Mémoire, et selon l'entraînement de notre esprit et en accord avec la sainteté de notre vie ; dans laquelle est contenu un si grand Mystère et une Vertu si efficace.

Suit maintenant une autre Oraison subtile, dans laquelle se trouve un Mystère Sacramentel, et dans laquelle sont merveilleusement accomplies toutes les Sciences parfaites. Car par la présente, Dieu souhaite que nous sachions quelles sont les choses Célestes influencées par le ciel, et quelles choses Terrestres par la Terre : car le Seigneur a dit : Mes yeux ont vu l'imparfait, et dans ton livre mes membres étaient tous écrits ; de jour en jour ils se formaient, lorsqu'il n'y en avait encore aucun, &c. C'est donc dans les Préceptes de Dieu : car nous ne sommes pas en mesure de tout écrire, comme le Soleil a le même cours qu'au commencement, que notre commande puisse être confirmée : car toute écriture qui n'est de Dieu, ne doit être lue ; car Dieu lui-même tend à voir à ce que toutes les chose soient divisées : & voici comment elles doivent être utilisées, avant la deuxième partie, laquelle contient de si excellentes et glorieuses Consécrations d'Oraisons & qui définit la partie consacrée à avoir un pouvoir dans les Cieux, et en aucune manière expliquée par les langues humaines.

Voici le début de la deuxième partie de l'Oraison précédemment mentionnée, laquelle est d'une si grande vertu.

Aglaros, Theomiros, Thomitos, &c.

Voici la deuxième partie de l'Oraison précédente, de laquelle une chose particulière doit être mentionnée. Ce pourquoi, si vous prononcez cette Oraison en vous commémorant la première partie de celle-ci, dites l'Oraison qui suit et vous y percevrez ses préceptes.

O Dieu de toutes choses, qui est mon Dieu, qui au commencement a créé toutes choses à partir de rien, et qui a réformé toutes choses par le Saint Esprit ; complète et restaure ma conscience, et guéris ma compréhension afin que je puisse te glorifier dans toutes mes œuvres, pensées et paroles.

Et après avoir dit cette Oraison, prenez un peu de répit pendant une demi-heure, puis dites la troisième partie de l'Oraison qui suit : *Megal, Legal, Chariotos, &c.* Et après avoir prononcé cette troisième partie de l'Oraison, méditez sur les Écritures que vous désirez connaître et prononcez ensuite cette Oraison :

O toi qui es la Vérité, la Lumière et la Voie de toutes les Créatures : O Dieu de justesse, vivifie-moi, confirme ma compréhension et rétablis ma connaissance et ma conscience, tout comme tu as fait au Roi *Salomon*, Amen.

Tout en vous commémorant les parties en accord avec ce qui est écrit, ajoutez l'Oraison suivante : les autres Oraisons étant dites, prononcez la quatrième partie de l'Oraison, qui consiste en ceci : *Amasiel, Danyi, hayr, &c.*

Puis les parties étant commémorées comme indiqué, ajoutez également l'Oraison suivante.

Je parle ces choses en ta présence, O Seigneur mon Dieu, devant le visage où toutes choses sont nues et ouvertes, que moi, lavé de l'erreur de l'infidélité, ton Esprit vif puisse m'assister et chasser de moi toute incrédulité.

Comment les Oraisons en Latin ne sont pas expliquées par les paroles des Oraisons.

Nous devons donc savoir que l'Oraison toute entière demeure inexpliquée ; parce que ses mots sont d'une si grande subtilité, ornés de la Langue Hébraïque et Chaldéenne, avec la subtile et merveilleuse élocution de Dieu : que l'office de sa libre exposition ne puisse m'être transférée. Les mots latins qui sont associés aux parties de l'Oraison précédente sont des mots qui ont été traduits de la Langue Chaldéenne, car ils ne constituent pas l'Oraison entière ; mais plutôt des noms particuliers se rapportant à chaque Oraison.

Il parle ici de toute leur efficacité.

Car cette Oraison est un tel Mystère, comme le Roi *Salomon* en fut lui-même témoin, qu'un Serviteur de sa Demeure ayant trouvé ce livre par hasard, et étant trop accablé par la compagnie d'une femme et du vin, il la lit avec présomption ; mais avant qu'il ait complété une partie de cette dernière, il fut été frappé d'idiotie, de cécité et de faiblesse, et vit sa Mémoire enlevée ; alors il continua jusqu'au jour de sa mort ; il parla et confia à l'heure de sa mort qu'en lisant un mystère si sacré, il avait présomptueusement offensé les quatre Anges qui en étaient les gardiens quotidiens, qui lui affligèrent à sa Mémoire, un autre à sa parole, un troisième à sa vue et le quatrième à son ouïe.

Par ce Témoignage, cette Oraison reçoit tant d'éloges par le même Roi *Salomon*, et grand est son Mystère, que nous demandons et exigeons de quiconque voulant la lire ou la prononcer, qu'il ne le fasse point de manière présomptueuse ; car dans la présomption se trouve le péché ; c'est pourquoi, prononcez l'Oraison tel que cela est indiqué.

Nous jugeons donc pratique et nécessaire de parler un peu des préceptes généraux de l'art et de la connaissance de tous les arts ; et de plusieurs préceptes pour chaque art en particulier. Mais parce que nous avons discouru à propos du cours de la Lune, il est nécessaire que nous expliquions ce que son cours signifie. La Lune traverse 12 signes en un seul Mois ; et le Soleil traverse 12 signes en une année, et dans des termes et des temps identiques, l'Esprit les inspire, les fructifie et les illustre ; d'où il est dit que lorsque le Soleil et la Lune suivent leur cours, il est entendu que c'est le parcours qu'ils ont initialement. Mais parce que cela est manquant en Hébreu, nous avons jugé bon de l'omettre en Latin, ayant suffisamment parlé de l'Oraison précédente et de ses trois parties.

Dans ce chapitre, il démontre l'efficacité de la prochaine Oraison, étant spéciale pour obtenir l'Éloquence.

La Sainte Oraison qui suit est une Oraison spéciale pour obtenir l'éloquence ; alors que toutes les autres possèdent une vertu et une efficacité en d'autres choses, celle-ci recèle d'un certain Mystère spécial en lui-même. Et alors que l'une des principales démontre par elle-même certains préceptes généraux, communs à tous les arts car c'est ainsi que Dieu institua l'âme dans le corps en disant : Ceci je vous l'offre afin que vous puissiez observer et conserver la Loi du Seigneur ; Et ce sont eux qui se tiennent toujours en présence de Dieu, et voient leur Sauveur face à face nuit et jour.

Alors cette Oraison, dis-je, est la plus glorieuse, mystique et intelligible Oraison qui soit, contenant de tels Mystères que l'esprit, la conscience et la langue y réussissent. C'est un tel Mystère qu'un homme doit le conserver selon sa volonté, laquelle prévoit toutes choses qui sont créées à sa vue; car le Mystère de cette Oraison est glorieux et sacramentel: ne laissez aucun homme prétendre à prononcer cette Oraison après avoir trop bu ou suite à trop de Luxure; ni jeûner sans grande révérence et discrétion. D'où *Salomon* dit: Que personne ne prétende traiter quoi que ce soit de cette Oraison, mais qu'en certains moments précis et déterminés, à moins qu'il ne doive mentionner cette Oraison devant un grand Président pour des affaires importantes; car cette Oraison est d'une excellente et merveilleuse vertu.

La bonté de cette Oraison et la réalisation de ses effets, il est lu dans ce Psaume où il est dit: Suivez-moi, et je vous ferai pêcheurs d'hommes, comme il a fait et dit.

Nous savons que ce n'est pas notre pouvoir qui fait que cette Oraison est d'une si grande Vertu et d'un tel Mystère, comme parfois aussi le Seigneur dit à ses disciples: En ceci nous ne pouvons savoir: car cette Oraison est un tel mystère qu'elle contient en elle le grand Nom de Dieu; dont beaucoup ont menti en disant qu'ils le connaissaient; car *Jésus* lui-même pu accomplir de nombreux Miracles dans le Temple grâce à lui. Mais beaucoup ont menti sur ce qu'il a fait, et ont caché et escamoté la vérité de celui-ci; de sorte qu'aucun n'a déclaré la même chose en son lieu, mais nous supposons qu'ils en ont fait la mention à son propos.

Dans ce Chapitre, il indiqua le moment et la manière dont cette Oraison doit être prononcée.

Car cette Oraison est l'une des principales, et la première des particulières, contenant les deux en elle; possédant une vertu spéciale et une faculté pour obtenir l'Éloquence, par conséquent il est nécessaire de comprendre en quel moment, en quelle ordination et en quels jours elle doit être exposée et prononcée.

Elle peut toujours être répétée à toutes les 14 Lunaisons comme mentionné ci-dessus; mais l'ordination du temps pour chaque jour où elle doit être prononcée est surtout au matin, avant qu'un homme ne soit souillé; et puis toutes les Oraisons se doivent alors d'être prononcées. Et cette Oraison doit alors être prononcée au complet dans son ensemble, sans aucune division. Et bien qu'il y ait des divisions, l'Oraison n'est pas divisée en soi; mais seulement les Noms Divins et Glorieux sont écrits séparément et sont divisés en parties, en fonction de la terminaison de tous les grands et Glorieux Noms; et ils doivent être prononcés tous ensemble, en tant que Nom le plus excellent, mais non pas comme un seul Mot, en raison de la fragilité de notre la nature; Il n'est pas non plus nécessaire de connaître les Eléments constituants l'emplacement des syllabes dans cette Oraison; ils ne doivent pas être connus; ne laissez pas non plus personne les prononcer présomptueusement; ni faire quoi que ce soit par rapport à cette Oraison par voie de la tentation : *Elmot, Sehel, Hemech, Zaba, &c.*

Aucun homme entravé ou corrompu par un crime ne devrait prétendre à prononcer cette Oraison.

C'est une chose convenue entre les hommes sages de ce Monde, que ces choses, comme nous l'avons déjà dit, doivent être prononcées avec grand respect et diligence : elle peut être récitée à tous les jours où vous serez exempt de péché criminel ; et en ce jour où vous serez entravé par un péché criminel, vous pourrez l'évoquer dans votre cœur ; et si vous désirez être fait Éloquent, répétez-la trois fois. Et si quelque mal vous trouble ou que vous soyez plongé et impliqué dans toute entreprise d'envergure, répétez cette Oraison à une reprise et vous ferez preuve d'Éloquence autant que le besoin l'exige ; et si vous la répétez deux fois, une grande Éloquence vous sera accordée tant cette Oraison est Sacrée.

La troisième chose à considérer concernant cette Oraison est que celle-ci devrait être prononcée de façon telle qu'elle devrait être précédée par la confession du cœur et de la bouche : qu'on la prononce tôt le matin, et après cette Oraison, dites l'Oraison Latine suivante.

Ceci est un Prologue ou Exposition de l'Oraison précédente, lesquelles devraient être dites ensemble.

O Dieu tout-puissant et éternel, et Père miséricordieux béni devant tous les Mondes ; qui est un Dieu éternel, incompréhensible et immuable, et qui nous a accordé ce don béni du Salut; et selon la toute-puissance de ta Majesté, tu nous as accordé la faculté de parler et d'apprendre, chose que tu as refusée à tous les autres animaux; et as disposé de toutes choses par ton infaillible providence : tu es Dieu, dont la nature est éternelle et consubstantielle, exaltée au-dessus des Cieux; en qui habite corporellement toute la divinité. J'implore ta Majesté, et Glorifie ton omnipotence avec une imploration intentionnelle, adorant la grande Vertu, la Puissance et la Magnificence de ton éternité. Je te supplie, O mon Dieu, de m'accorder l'inestimable Sagesse de la Vie de tes saints Anges. O Dieu le Saint Esprit, incompréhensible, en la présence duquel se tiennent les Saints chœurs des Anges; Je te prie et te supplie, par ton Nom Saint et Glorieux, et à la vue de tes Anges et des Principautés Célestes, de m'accorder ta grâce, d'être présent à mes côtés et de me donner le pouvoir de persévérer dans la Mémorisation de ta Sagesse qui vit et règne éternellement en un seul Dieu éternel, à travers tous les mondes des mondes; à la vue duquel se trouvent toutes les vertus célestes, et partout, maintenant et à jamais, *Amen.*

Cette Oraison étant ainsi terminée, il est nécessaire qu'un Mystère soit ici ajouté, de sorte que pendant un moment vous devrez garder le silence suite à la prononciation de l'Oraison Latine : et après un peu de taciturnité, c'est-à-dire, un court moment de silence, commencez à dire l'Oraison suivante avec sérieux : *Semet, Lamen, &c.*

Ceci (dit *Salomon*) est l'Oraison des Oraisons, et une expérience spéciale dans laquelle toutes les choses, qu'elles soient générales ou particulières, sont pleinement connues, efficacement et parfaitement, et sont conservées dans la Mémoire. Mais lorsque vous aurez atteint l'Éloquence désirée par le biais de cette Oraison, utilisez-la avec parcimonie et n'allez pas témérairement déclarer ces choses que votre Langue suggère et vous administre ; car voici la fin de tous les préceptes généraux, qui sont donnés pour l'obtention de la Mémoire, de l'Éloquence et de la Compréhension. Toutes ces choses livrées ici à propos des préceptes généraux sont offertes comme des signes à savoir comment la faculté de la compréhension des préceptes généraux peut être obtenue, ce que *Salomon* appelle aussi Spirituels ; et ces arts particuliers possèdent des Vertus et des pouvoirs particuliers.

Ayant maintenant donné une définition suffisante des préceptes généraux, les Oraisons étant exposées, et de l'Autorité des Oraisons à quoi elles sont conçues ; il est maintenant nécessaire de définir ce qui doit être fait en ce qui concerne les Oraisons particulières ; parce que nous allons maintenant traiter de plusieurs arts particuliers tout en suivant l'exemple que notre Maître et bâtisseur a déposé devant nous ; car *Salomon* dit qu'avant de procéder avec les notes particulières et les Oraisons des arts précédemment indiquées, il devrait être prononcé un *Præludium*, ce qui est un début ou un Prologue.

{Règles Speciales}

Comment chaque Art individuel possède sa propre Note.

Avant de passer aux préceptes particuliers des Arts individuels, il est nécessaire de découvrir comment chaque Art individuel possède sa Note individuelle.

Des Sciences libérales et autres choses qui peuvent être obtenues par cet Art.

Les Arts libéraux sont au nombre de sept, et sept exceptions, et sept Mécaniques. Les sept exceptions sont comprises sous les sept [Arts] libéraux. Il est manifeste de savoir ce que sont les sept Arts libéraux dont nous traiterons en premier. Les [Arts] Mécaniques sont les suivants, étant officieusement appelés *Hydromancie, Pyromancie, Nigromancie, Chiromancie, Géomancie, Géonégie* qui est comprise dans *l'Astronomie*, et *Néogia*.

L'*Hydromancie* est une science de divination par l'Eau ; avec laquelle ses Maîtres jugeaient par l'Eau stagnante ou en mouvement. La *Pyromancie*, est l'expérience divinatoire par les flammes du feu, que les anciens Philosophes estimaient être d'une grande efficacité. La *Nigromancie* consiste au Sacrifice d'Animaux morts, par lesquels les Anciens parvenaient supposément à de grandes Expériences sans péché, et pour acquérir une grande connaissance : d'où *Salomon* ordonna qu'ils puissent lire sept Livres traitant de cet Art sans commettre de péché ; et que deux d'entre eux qu'il jugea Sacrilège, qu'ils ne puissent guère lire deux Livres de cet Art sans qu'un péché ne soit commis. Mais nous en avons assez dit à ce propos, passons au reste.

Des Sciences libérales et autres choses qui pourraient en résulter.

Il existe sept Arts libéraux que chacun peut apprendre et lire sans péché. Car la Philosophie est grande, et elle contient de profonds Mystères. Ces Arts sont merveilleusement connus.

Il déclare quelles Notes constituent les trois premiers Arts libéraux.

La *Grammaire* a trois Notes seulement, les *Dialectes* deux, et la *Rhétorique* quatre, et chacune ayant leurs Oraisons distinctes. Mais pourquoi la *Grammaire* en a trois, les *Dialectes* deux et la *Rhétorique* quatre ; cela nous le savons car le Roi *Salomon* lui-même l'affirme et en témoigne ; car il dit : Et comme j'admirais et songeais dans mon cœur et mon esprit, de quelle manière, de qui et d'où provenait cette science, un

Ange apporta un livre dans lequel étaient écrites les Figures et les Oraisons, et m'a remis les Notes et les Oraisons de tous les Arts, clairement et ouvertement, et me révéla à leur propos autant que cela était nécessaire. Et il m'a expliqué, comme certains Éléments sont enseignés à un Enfant, certains Arts fastidieux dans un grand laps de temps, [et] comment je pourrais obtenir ces Arts en un court laps de temps, en me disant : Ainsi tu seras promu dans chaque science par l'accroissement de ces Vertus. Et lorsque je lui ai demandé : Seigneur, d'où et comment vient cela ? L'Ange répondit : Ceci est un grand Sacrement du Seigneur et de sa volonté. Cet écrit provient du pouvoir du Saint-Esprit, qui inspire, fait fructifier et accroître toutes les connaissances. Puis l'Ange ajouta : Regarde ces Notes et ces Oraisons en temps déterminés et précis, et observe les temps convenus par Dieu, et non autrement. Et lorsqu'il eut dit cela, il exhiba au Roi *Salomon* un livre à l'intérieur duquel était écrit en quels temps ces choses devaient être prononcées et exposées, et clairement démontrées selon la Vision de Dieu, desquelles choses, les ayant vues et entendues, les ai toutes opérées selon la Parole du Seigneur par l'Ange. Et ainsi *Salomon* déclara comment cela était venu à lui. Mais nous qui venons après lui, devons imiter son Autorité, et autant que nous en sommes capables, d'observer ces choses qu'il nous a laissées.

Salomon montre ici comment l'Ange lui dit distinctement ce pourquoi la Grammaire comporte trois Figures.

Voyez pourquoi l'Art Grammatical n'a que trois Notes dans le Livre de *Salomon*, *Gemeliath*, c'est-à-dire, dans le Livre de l'Art de Dieu, dans lequel nous lisons que c'est l'Art de toutes les autres sciences et de tous les autres Arts. Car *Salomon* dit : Lorsque je me suis renseigné auprès de l'Ange de Dieu à propos de toute chose individuelle, demandant avec crainte : Seigneur, d'où viendra cela en moi, afin que je puisse apprendre cet Art entièrement et parfaitement ? Pourquoi y a-t-il tant de Notes appartenant à un tel Art, et autant pour un tel Art, et qui sont attribuées à plusieurs Oraisons spécifiques pour en retirer une efficacité ? Et c'est alors que l'Ange répondit : L'Art Grammatical s'appelle un Art libéral, et trois choses lui sont nécessaires. L'ordination des mots et du temps ; et en eux, des Compléments ou Figures ; simples, composés et variés ; et une déclinaison diverse des parties aux parties, ou une relation entre les parties, et une division harmonieuse et ordonnée. C'est la raison pour laquelle il existe trois Notes dans l'Art de la *Grammaire*. C'est pourquoi il a plu à la Sagesse Divine qu'autant il devrait y avoir un pleine connaissance de déclinaison de l'un ; par un autre, il devrait aussi y avoir une Ordination convenable de toutes les parties ; par la troisième, il devrait y avoir une Division convenable et continue de toutes les parties, simples et composées.

La raison pour laquelle l'Art Dialectique possède seulement deux Figures.

Le *Dialecte*, appelé la forme des Arts, et discours Doctrinal, possède deux choses nécessaires, à savoir, l'Éloquence de l'Argumentation, et la Prudence à répondre. Par conséquent, la grandeur de la Divine Providence et de la Piété lui a assigné deux Notes ; par la première, nous pouvons obtenir l'Éloquence à Argumenter et Disputer ; et par la seconde, l'assiduité à répondre sans ambiguïté. C'est pourquoi on attribue trois Notes à la *Grammaire*, et deux Notes au *Dialecte*.

La raison pour laquelle la Rhétorique possède quatre Figures.

Voyons pourquoi la *Rhétorique* possède quatre Notes. Il y a en elle quatre choses nécessaires ; comme l'a dit l'Ange du Seigneur à *Salomon*, à savoir, un ornement continu et florissant de la locution, un jugement compétent, ordonné et discret, un Témoignage des Causes ou des Offices, ou des Chances & des Pertes, une disposition composée d'achat et de vente ; une Éloquence des questions de cet Art avec une compréhension démonstrative. Donc la grandeur de Dieu a assigné quatre Notes à l'Art de la *Rhétorique* avec leurs Glorieuses et saintes Oraisons ; comme elles furent respectueusement envoyées par la Main de Dieu ; et que chaque Note de cet Art ci-dessus peut comporter plusieurs facultés.

Que la première Note de cet Art donne une locution continuelle et un ornement compétent et florissant. La seconde, le discernement pour Juger le juste et l'injuste, l'ordonnée et l'excessif, le vrai et le faux. La troisième, la compétence de découvrir les offices et les causes; et la quatrième donne la compréhension et l'éloquence dans toutes les opérations de cet Art, sans prolixité. Voyez donc comment en *Grammaire*, en *Logique* et en *Rhétorique*, les différentes Notes sont disposées dans les Arts individuels.

Mais des autres Arts et de leurs Notes, nous en parlerons en temps et lieu, comme nous les trouvons disposés dans le livre du même Salomon.

À quels moments et heures les Notes de ces trois Arts libéraux doivent être examinées.

Nous poursuivons maintenant en montrant comment et à quel moment les Notes de ces Arts doivent être examinées et les Oraisons à prononcer pour parfaire ces dits Arts. Si vous êtes tout autant désireux d'apprendre l'Art Grammatical que vous l'ignorez, s'il vous est convenu de Dieu pour faire cette œuvre des œuvres, et d'avoir une compréhension ferme dans cet Art des Arts, alors sachez que vous ne devez pas envisager de faire autrement que ce que le livre vous commande; car ce livre qui est sien sera votre Maître, et cet Art qui est sien, votre Maîtresse.

Comment doivent être examinées les Notes Grammaticales dans la première Lune.

C'est de cette manière que les Notes Grammaticales doivent être examinées et les Oraisons prononcées.

Dans les jours où la Lune est dans son apogée, la première Note doit être examinée 12 fois, et ses Oraisons répétées 24 fois avec une Sainte révérence ; en faisant une courte pause entre deux, répétez les Oraisons à deux reprises lors de l'inspection de chaque Note et abstenez-vous surtout de commettre des péchés. Faites cela du premier jour de la Lune jusqu'au 14e, et du 14e au 17e. La première et la seconde Notes doivent être examinées 20 fois, et les Oraisons à être répétées 30 fois, et au 15e et 17e jour, avec un certain intervalle entre elles. Ensuite toutes les trois Notes doivent être examinées chaque jour à 12 reprises, et les Oraisons à répéter 20 fois : et ainsi en est-il des Notes de l'Art de la *Grammaire*. Mais si vous avez lu quelques livres à propos de cet Art, et en désirez la perfection, faites comme il est commandé ; en utilisant les Oraisons générales pour augmenter la Mémoire, l'Éloquence, la Compréhension et la Persévérance en répétant ces dernières aux temps et heures appropriés, car à agir au-delà de ce précepte, vous commettriez un péché. Mais lorsque vous ferez cela, assurez-vous d'en garder pour vous le secret et de n'être vu de personne sinon que de Dieu. Nous arrivons maintenant aux Notes.

Suit ici la connaissance des Notes.

Au début de l'inspection de toutes les Notes, jeûnez au premier jour jusqu'au soir, si vous le pouvez ; si vous ne le pouvez pas, prenez une heure de plus. C'est le précepte Grammatical.

Des Notes Logiques.

Les Notes Dialectiques peuvent être employées à tous les jours, sauf les jours mentionnés précédemment. La *Rhétorique* à tous les jours, sauf trois jours pendant le Mois, à savoir, ☾. 11, 17, et 19. Et ils sont interdits en ces jours-là, comme en témoigne *Salomon*, les Notes de tous les Arts, à l'exception des Notes de cet Art, sont offertes. Ces préceptes doivent généralement être observés.

Comment les Notes Logiques doivent être inspectées et leurs Oraisons prononcées.

Sachez que les Notes Dialectiques doivent être examinées par quatre fois et que leurs Oraisons en ce jour sont à répéter 20 fois, prenant quelque répit, et ayant les livres de cet Art sous les Yeux ; et ainsi de même des livres de *Rhétorique*, lorsque ses Notes sont examinées, comme cela est convenu. Cela est suffisant pour la connaissance des 3 Arts.

Comment faut-il se méfier des offenses ?

Avant d'entamer la première Note de l'Art de la *Grammaire*, quelque chose doit être tenté auparavant afin que nous puissions avoir la connaissance des 1e, 2e et 3e Notes. Et vous devez d'abord savoir en quoi consiste l'examen des Notes de l'Art Grammatical, Logique, ou Rhétorique, car il est nécessaire que vos plus grandes intentions soient mises à l'écart de toutes offenses.

Comment les Notes doivent être inspectées, à certains moments convenus.

C'est une connaissance particulière et manifeste par laquelle les Notes de l'Art Grammatical sont connues ; comment elles doivent être exposées, en quels moments, et avec quelle distinction, cela est dûment et pleinement manifeste ; il a déjà été parlé de la publication et de l'inspection des Notes et des Oraisons. Maintenant nous allons nous éloigner quelque peu du sujet afin de parler des temps, ce qui a déjà été fait partiellement.

Comment les différents Mois doivent être recherchés lors de l'inspection des Notes.

Nous avons déjà discuté des termes de cet Art, où les Oraisons doivent être récitées, et les Notes examinées. Il reste à déclarer comment les Lunaisons de ces Oraisons doivent être inspectées et découvertes. Mais voyez à ne pas vous tromper : jusqu'ici j'ai déjà noté les Lunaisons dans lesquelles il faut examiner les Notes et répéter les Oraisons. Mais il existe certains Mois où la Lunaison sera plus profitable que d'autres. Si vous désirez œuvrer en Théologie ou en Astronomie, faites-le sous un signe de feu ; si c'est en Grammaire ou en Logique, en ♊ ou ♍ ; si c'est en Musique ou en Physique, en ♉ ou ♎ ; si en Rhétorique, Philosophie, Arithmétique ou Géométrie, en ♊ ou ♋ ; pour les Mathématiques, en ♉ ou ♊ : de sorte qu'elles soient bien placées et libres de tout mal ; car tous les Potentats Célestes et les Chœurs des Anges se réjouissent dans leurs Lunaisons et leurs jours appropriés.

On fait ici mention des Notes de tous les Arts.

Moi, *Apollonius* suivant la puissance de *Salomon,* me suis disposé à conserver ses travaux et observations, comme il est dit des trois Notes de Grammaire, j'observerai donc les temps comme ils doivent être observés. Mais leurs Oraisons ne sont pas écrites, mais plutôt amplement démontrées dans l'œuvre suivante ; car ce qui est écrit de ces trois Notes, ne sont pas des Oraisons, mais des Définitions de ces Notes, écrites en Grec, en Hébreu et en Chaldéen, et d'autres choses que nous appréhendons. En ce qui concerne ces écrits en Latin qui ne seraient compris, ils ne doivent pas être prononcés, mais qu'en ces jours indiqués par le Roi *Salomon* et en ceux où les Notes sont inspectées, mais ces jours-là ces Saintes écritures doivent toujours être répétées, et en Latin, en ces jours où les Notes ne sont pas examinées. Les Notes de l'Art Logique sont deux; et à quel moment elles doivent être exposées cela a déjà été partiellement indiqué. Il en sera dit davantage plus loin à leur propos. Maintenant nous en venons au reste. Les écrits Latins peuvent être exposés, selon l'Antiquité des Hébreux, sauf les jours que nous avons mentionnés, car *Salomon* dit : Voyez à pratiquer tous ces préceptes tels qu'ils sont donnés. Mais ce qui suit du reste, il en est fait autrement. Car lorsque vous verrez la première Note de Logique, répétez dans votre cœur le signe dans la première Note, et ainsi dans les Notes de tous les Arts, sauf celles pour lesquelles une définition doit être donnée.

Définitions de plusieurs Arts et de leurs Notes.

Nous allons également donner les Définitions de plusieurs Arts, comme dans le livre de *Salomon*. La Géométrie possède une Note, l'Arithmétique une Note et demie ; la Philosophie conjointement avec les Arts et les Sciences en ont 7 Espèces ; la Théologie et l'Astronomie, avec les Sciences qu'elles contiennent, ont 7 Notes, mais elles sont puissantes et dangereuses ; pas puissantes par égard à la prononciation, mais d'une grande efficacité. La Musique possède une Note et la Physique une Note ; mais elles sont toutes à être exposées et répétées dans leurs jours désignés. Mais sachez que dans chaque jour où vous contemplez les Notes de Théologie, de Philosophie ou de tout autre Art contenu en eux, voyez à ne pas rire ni jouer, ni faire de sport, car lorsque le Roi *Salomon*, s'étant enivré, vit les formes de ces Notes, Dieu se mit en colère contre lui et s'adressa à lui par son Ange, disant : *Parce que tu as méprisé mon Sacrement et Souillé et tourné en dérision mes choses Sacrées ; j'emporterai une partie de ton Royaume et j'abrégerai les jours de tes Enfants.* Et l'Ange ajouta : *Le Seigneur t'interdit d'entrer dans le Temple pour 80 jours, pour que tu te repentes de ton péché.* Et quand *Salomon* pleura et sollicita la miséricorde du Seigneur, l'Ange répondit : *Tes jours seront prolongés ; néanmoins, tes Enfants seront affligés par de nombreux maux et iniquités, et ils seront anéantis par les iniquités qui s'abattront sur eux.*

Au début d'une Note, après avoir vu les [Notes] générales ; laissez les [Notes] spéciales être examinées. La parole de *Salomon* est de chercher en Dieu ses promesses, avant les Notes des trois Arts.

La première Oraison au commencement de la Note.

La Lumière, la Vérité, la Vie, la Voie, le Juge, la Miséricorde, le Courage et la Patience, préservez-moi, aidez-moi et ayez pitié de moi, *Amen*.

[2.] Cette Oraison, ainsi que la précédente, doit être dite au début de la première Note de Grammaire.

O Seigneur, Saint Père Tout-Puissant, Dieu éternel, dans les yeux duquel se trouvent tous les fondements de toutes les Créatures, et des êtres invisibles, dont les Yeux voient mes imperfections, dont la douceur et l'amour emplissent la Terre et les Cieux ; qui a vu toutes choses avant qu'elles ne soient créées, dans le livre duquel chaque jour est formé, et toute l'humanité y est écrite. Vois-moi, ton Serviteur, qui en ce jour est prosterné devant toi, de tout mon Cœur et mon Ame, confirme-moi par ton Saint-Esprit, bénis-moi, protège toutes mes Actions dans cette inspection ou répétition, et illumine-moi avec la constance de ta visitation.

La 3e Oraison. Cette Oraison doit être dite avant la deuxième Note de Grammaire.

Vois, O Seigneur, Père miséricordieux de toutes choses ; éternel pourvoyeur de toutes les Vertus, considère mes opérations en ce jour. Tu es celui qui Voit et Discerne toutes les Actions des Hommes et des Anges. Laisse la grâce merveilleuse de tes promesses daigner épanouir en moi cette soudaine Vertu, et infuse en moi une telle efficacité, opérant en ton grand et Saint Nom, toi qui infuses tes louanges dans la bouche de ceux qui t'aiment, *Amen.*

Le 4ᵉ Oraison. Que cette Oraison soit répétée avant la troisième Note Grammaticale.

O *Adonay*, Créateur de toutes les Créatures visibles! O Très Saint Père, qui réside entouré d'une lumière éternelle, disposant et gouvernant par ton pouvoir toutes choses avant tous les commencements; très humblement je supplie ton éternité et ton incompréhensible bonté d'atteindre la perfection en moi, par l'œuvre de tes plus Saints Anges; et qu'elle soit confirmée dans ma Mémoire, et établis en moi ces Saintes œuvres qui sont tiennes, *Amen*.

[5.] Un court instant après cette Oraison, dites ce qui suit: la première Oraison doit être prononcée avant la première Note de Logique.

O Dieu Saint, grand, bon et éternel Créateur de toutes choses, tes Attributs à ne pas exprimer, qui ont créé le Ciel et le Terre, la Mer et tout ce qu'ils contiennent, et le puits sans fond, selon ton plaisir; aux yeux de qui sont les Paroles et les Gestes de tous les hommes. Par ces Mystères sacramentels de tes Saints Anges, accorde-moi la précieuse connaissance de cet Art, laquelle je désire par le Ministère de tes Saints Anges, sans aucune intention Malveillante ou Malicieuse, *Amen*.

Prononcez cette Oraison au début de la première Figure de l'Art Logique; et répétez immédiatement après, avec quelques intervalles, les Oraisons écrites entre la première Figure.

La 6ᵉ Oraison doit être prononcée avant la première Note du Dialecte.

Helay: Le plus Miséricordieux Créateur, Inspirateur, Réformateur et Approbateur de toutes les volontés Divines; Celui qui ordonne toutes choses, prête Miséricordieusement l'oreille à ma Prière et accorde glorieusement les désirs de mon cœur, ce que je souhaite humblement, selon tes promesses, que tu accordes Miséricordieusement, *Amen*.

[7.] L'Oraison suivante doit être prononcée avant la première Note de l'Art Rhétorique.

Père Miséricordieux et Tout-Puissant, Celui qui ordonne et Créateur de toutes les créatures. O très Saint Juge, éternel Roi des Rois, et Seigneur des Seigneurs; qui consent merveilleusement à donner la sagesse et la compréhension à tes Saints qui jugent et discernent toutes choses. Je te supplie d'éclairer mon cœur en ce jour avec la Splendeur de ta Beauté, de sorte que je puisse comprendre et savoir ce que je désire, et quelles sont les choses à connaître qui doivent être considérées en cet Art, *Amen*.

Cette Oraison avec *Hanazay, &c.* qui suit doit être prononcée avant la première Figure de Rhétorique : et même si l'Oraison est divisée en deux parties, il s'agit néanmoins d'une seule et unique. Et elles sont divisées seulement pour cette cause, parce qu'il pourrait y avoir un besoin d'intervalle lors de leur prononciation ; et elles doivent être prononcées avant les autres Oraisons écrites dans la Figure.

Hanazay, Sazhaon, Hubi, Sene, Hay, Ginbar, Ronail, Selmora, Hyramay, Lohal, Yzazamael, Amathomatois, Yaboageyors, Sozomcrat, Ampho, Delmedos, Geroch, Agalos, Meihatagiel, Secamai, Saheleton, Mechogrisces, Lerirencrhon.

La 8e Oraison, qu'elle soit prononcée avant la deuxième Note de l'Art Rhétorique.

O grand, éternel et merveilleux Seigneur Dieu, qui de ton éternel conseil a disposé de toutes les Vertus et des Arts, Celui qui ordonne toute bonté ; Orne et Embellis ma compréhension, et accorde-moi la Raison de connaître et apprendre les Mystères de tes Saints Anges. Et accorde-moi toutes les connaissances et le savoir que tu as promis à tes Serviteurs par la Vertu de tes Saints Anges, *Amen.*

Cette Oraison, avec les deux autres qui suivent, doit être prononcée, *(Vision, &c.) Azelechias, &c.* au commencement de la seconde Figure de Rhétorique et avant les autres Oraisons ; et il doit y avoir un léger intervalle entre elles.

[9.] Que cette Oraison soit prononcée avant la deuxième Note de Rhétorique.

Vision ; contemplant avec ton éternelle conspiration toutes les Puissances, Royaumes et les Juges, Administrant toutes sortes de Langues à tous, et dont le pouvoir est sans fin ; je t'en implore, rétablis et augmente ma Mémoire, mon cœur et ma compréhension, pour savoir, comprendre et juger toutes choses que ton autorité Divine jugera nécessaire en cet Art, et infuse-les parfaitement en moi, *Amen.*

[10.] Que l'Oraison suivante, avec la précédente, soit répétée avant le deuxième Note de Rhétorique.

Azelechias, Velozeos Inoanzama, Samelo, Hotens, Sagnath, Adonay, Soma, Jezochos, Hicon, Jezomethon, Sadaot. Et toi, O Dieu, confirme favorablement tes promesses en moi, comme tu les as confirmées par les mêmes paroles au Roi *Salomon ;* envoie-moi, O Seigneur, ta Vertu du Ciel, qu'elle puisse illuminer mon esprit et ma compréhension : fortifie, O Dieu, ma compréhension, renouvelle mon Ame en moi et lave-moi avec les Eaux qui sont au-dessus des Cieux ; verse ton Esprit sur ma chair, et emplis mes entrailles de tes Jugements, avec humilité et charité : toi qui as créé le Ciel et la Terre, et qui a créé l'homme à ton Image ; déverse la lumière de ton amour dans ma compréhension, car étant encrée et établie dans ton amour et ta miséricorde, je puisse adorer ton Nom, et savoir, et te vénérer, et comprendre toutes tes Écritures et tous les Mystères que tu as déclarés par tes Saints Anges, et que je puisse recevoir et comprendre dans mon cœur, et utiliser cet Art en ton Honneur et en ta Gloire, par ton puissant Conseil, *Amen*.

La 11e Oraison doit être dite avant la prononciation de la troisième Note de Rhétorique.

Je sais que j'aime ta gloire, et que mon délice se trouve dans tes œuvres merveilleuses, et que tu m'accorderas la sagesse selon ta bonté et ton pouvoir qui sont incompréhensibles. *Theon, Haltanagon, Haramalon ; Zamoyma, Chamasal, Jeconamril, Harionatar, Jechomagol, Gela Magos, Kemolihot, Kamanatar, Hariomolatar, Hanaces, Velonionathar, Azoroy, Jezabali* ; par ces très Saints et Glorieux et profonds Mystères, précieux Offices, vertu et connaissance de Dieu, achève et perfectionne mes commencements et réforme mes débuts, *Zembar, Henoranat, Grenatayl, Samzatam, Jecornazay* : O toi grande Fontaine de toute bonté, connaissance et vertu, donne à ton Serviteur le pouvoir d'éviter tout mal, et d'adhérer à la bonté et à la connaissance, et de suivre de même avec une intention qui soit Sainte, qui de tout mon cœur, je pourrai comprendre & apprendre tes Lois et tes Décrets ; spécialement ces Saints Mystères dans lesquels, je te prie, je puisse en bénéficier, *Amen.*

12. Cette Oraison doit être dite avant la neuvième Note Rhétorique.

O très éminent Seigneur Tout-Puissant, qui règne sur toutes les Créatures autant Anges qu'Archanges, et sur toutes les Créatures Célestes, terrestres et infernales ; dont la grandeur vient en abondance, qui a fait l'homme d'après sa propre Image ; Accorde-moi la connaissance de cet Art et renforce en moi toutes les Sciences, *Amen.*

13. Prononcez ceci avant la première Figure d'Arithmétique.

O Dieu qui compte, pèse et mesure toutes choses, donnant son ordre au jour et nomma le Soleil par son Nom ; Accorde la connaissance de cet Art à mon entendement, afin que je puisse t'adorer et reconnaître le don de ta bonté, *Amen.*

14. Dites ceci avant la demi Note d'Arithmétique.

O Dieu, l'Opérateur de toutes choses, de qui procèdent tous les bons et parfaits dons ; sème les Semences de ta Parole dans mon Cœur, que je puisse comprendre les excellents Mystères de cet Art, *Amen*.

15. Dites ceci avant la deuxième Figure d'Arithmétique.

O Dieu, le Juge parfait de toutes les bonnes œuvres, qui fait connaître ta bonté salvatrice parmi toutes les nations ; ouvre mes Yeux et mon Cœur, avec les rayons de ta miséricorde, que je puisse comprendre et persévérer dans les Mystères Célestes qui sont tiens, *Amen*.

16. Cette Oraison avant la deuxième Note de Géométrie.

O Dieu, le dispensateur de toute la sagesse et la connaissance à ceux qui sont sans péché, Instructeur et Maître de tout Apprentissage Spirituel, par tes Anges et Archanges, par les Trônes, Potentats, Principautés et Puissances, par les Chérubins et les Séraphins et par les 24 Anciens, par les 4 animaux, et toute l'armée du Ciel, je t'adore, t'invoque, te vénère et glorifie ton Nom et t'exalte : très terrible et très miséricordieux, humblement je te supplie en ce jour d'illuminer et d'emplir mon Cœur de la grâce de ton Saint-Esprit, toi qui es trois en un, *Amen*.

17. Dites cette Oraison avant la deuxième Note de Théologie.

Je t'adore, O Roi des Rois, ma lumière, ma substance, ma vie, mon Roi et mon Dieu, ma Mémoire et ma force, qui en un Instant a donné diverses Langues, et jeta au sol une Tour Puissante, et qui donna par ton Saint-Esprit la connaissance des langues à tes Apôtres, les infusant de ta connaissance en un Instant, leur donnant la compréhension de tous les Dialectes ; inspire mon Cœur et verse en moi la rosée de ta grâce et de ton Saint-Esprit, que je puisse comprendre l'Explication des Langues et des Dialectes, *Amen*.

Trois chapitres à exposer avant toutes Notes.

Ce dont nous avons parlé des trois premiers Chapitres est généralement et spécialement à être prononcé, de sorte que vous les dites de même que les Oraisons lors des jours convenus, et œuvrez par les Notes comme il vous a été démontré. Il faut dire ces Oraisons l'avant midi, à tous les jours du Mois ; et avant de procéder avec les Notes, récitez les Oraisons appropriées : et en toute lecture, observez les préceptes prescrits.

Comment les Notes Appropriées doivent être inspectées.

Si vous voulez apprendre quoi que ce soit d'un Art, regardez dans les Notes appropriées en temps voulu. Il fut déjà suffisamment parlé des trois Arts libéraux.

Quels sont les jours à observer lors de l'inspection des Notes des quatre Arts.

Dans les quatre autres Arts, seuls les quatre premiers jours doivent être observés. Les Notes Philosophiques, et toutes les Sciences qu'elles contiennent, les 7e et 17e jours de la Lune doivent être inspectés, 7 fois par jour, avec leurs différentes Oraisons. La Note doit être examinée avec crainte, silence et tremblement.

À propos des Notes appartenant aux Arts libéraux, cela fut déjà mentionné ; mais sachez ceci, que lorsque vous les utiliserez, vivez chastement et sobrement ; car la Note a en elle 24 Anges, elle est à prononcer parfaitement et entièrement, comme vous l'avez entendu : mais lorsque vous les examinerez, répétez toutes les Oraisons Théologiques et le reste en temps opportun.

De l'inspection des Notes générales.

Dites les Notes générales 10 fois par jour, lorsque vous aurez l'occasion d'utiliser tout Art commun, ayant les livres de ces Arts devant vous, en utilisant un intervalle ou un court moment entre eux, comme il vous a déjà été indiqué.

Comment les trois premiers Chapitres doivent être prononcés avant les Oraisons.

Pour obtenir la perfection, sachez que dans la prononciation générale des Oraisons, les Notes des trois principales doivent être répétées ; que les Oraisons soient prononcées ou non.

Comment la cinquième Oraison de Théologie doit être répétée lors des Oraisons.

Il y a aussi autre chose à dire à propos des quatre autres Arts libéraux ; si vous désirez obtenir une parfaite connaissance de ceux-ci, faites la première Oraison de Théologie avant de prononcer les Oraisons des autres Notes. Ces dernières sont suffisamment déclarées de façon à ce que vous puissiez les comprendre et les apprendre. Et laissez les Oraisons capitulaires être prononcées avant les Notes individuelles de chaque Art, et conservées comme il fut déterminé, &c. Ce sont les Augmentations des Oraisons, qui appartiennent à tous les Arts libéraux et d'exception, sauf *Mécaniques*, et sont particulièrement attribués aux Notes de Théologie. Et elles doivent donc être prononcées, pour peu importe lorsque vous recherchez une quelconque Note d'un quelconque Art, et voudrez en tirer profit, prononcez les Oraisons suivantes.

1. *Ezomamos, Hazalat, Ezityne, Hezemechel, Czemomechel, Zamay, Zaton, Ziamy Nayzaton, Hyzemogoy, Jeccomantha, Jaraphy, Phalezeton, Sacramphal, Sagamazaim, Secranale, Sacramathan ; Jezennalaton Hacheriatos, Jetelemathon, Zaymazay, Zamaihay, Gigutheio Geurlagon, Garyos, Megalon Hera Cruhic, Crarihuc, Amen.*

Que cette Oraison avec ce qui suit soit prononcée avant la première Note de Philosophie.

O Seigneur Dieu, Saint Père Tout-Puissant et incompréhensible ; entends mes Prières, toi qui es invisible, immortel et intelligible, dont le visage des Anges et des Archanges, ainsi que toutes les puissances du Ciel, désirent ardemment contempler ; duquel je désire adorer éternellement la Majesté, et honorer le seul et unique Dieu pour toujours et à jamais, *Amen.*

2. Dites ceci avant la deuxième Note de Philosophie.

O Seigneur Dieu, Saint Père Tout-Puissant, entends mes Prières en ce jour et incline tes oreilles vers mes Oraisons; *Gezomelion Samach, Semath, Cemon, Gezagam, Gezatrhin, Zheamoth, Zeze Hator Seezeator Samay Sarnanda, Gezyel, Iezel, Gaziety, Hel, Gazayethyhel, Amen.*

Dites ce qui suit avec la précédente :

O Dieu éternel, le chemin, la vérité et la vie; donne ta lumière et la fleur de ton Saint-Esprit dans ma compréhension et mon esprit, et fais que le don de ta grâce brille dans mon Cœur et dans mon Ame, maintenant et à jamais, *Amen.*

Prononcez l'Oraison suivante avant la troisième Note de Philosophie.

Lemogethom, Hegemochom, Hazachay Hazatha, Azamachar, Azacham, Cohathay. Geomothay Logomothay, Zathana, Lachanma, Legomezon, Legornozon, Lembdemachon, Zegomaday, Hathanayos, Hatamam, Helesymom, Vagedaren, Vadeyabar, Lamnanath, Lamadai, Gomongchor, Gemecher, Ellemay, Gecromal, Gecrohahi, Colomanos, Colomaythos, Amen.

Dites ceci avec l'Oraison précédente :

O Dieu, la vie de toutes les Créatures visibles, éclat éternel et vertu de toutes choses; qui est à l'origine de toute piété, qui connaît toutes choses avant qu'elles existent ; qui juge toutes choses et discerne toutes choses par ton indescriptible savoir : glorifie en ce jour ton Saint et imprononçable Nom dans mon cœur, et renforce ma compréhension intellectuelle ; augmente ma Mémoire et confirme mon Éloquence ; rends ma langue prête, rapide et parfaite dans tes Sciences et tes Écritures, que par ton pouvoir qui m'a été donné et par ta sagesse enseignée dans mon cœur, je puisse te louer, et connaître et comprendre ton Saint Nom pour toujours, pour les siècles des siècles, *Amen*.

Prononcez cette Oraison avant la quatrième Note de Philosophie.

O Roi des Rois, Pourvoyeur et Dispensateur de la Majesté infinie, et de l'infinie miséricorde, le fondateur de toutes les fondations ; pose les bases de toutes tes vertus en moi, enlève toute l'inconscience de mon cœur afin que mes sens puissent être instaurés dans l'amour de ta charité, et mon Esprit informé par toi, selon la récréation et l'invocation de ta volonté qui vit et règne en Dieu à travers tous les Mondes des Mondes, *Amen*.

Comment ces Oraisons doivent être dites à une reprise, chaque jour, avant les Notes générales et les Notes des Arts libéraux.

Ces 4 Oraisons sont nécessaires pour les Arts libéraux, mais relèvent principalement de la Théologie, lesquelles doivent être prononcées tous les jours avant les Notes générales ou les Notes des Arts libéraux ; mais pour la Théologie vous devez prononcer chacune d'elles à 7 reprises pour chaque Note ; mais si vous souhaitez apprendre ou enseigner quelque chose qui se rapporte à la dictée, à la prose, au chant ou à la Musique, ou l'une de ces Sciences, enseignez-lui d'abord ces Oraisons, que vous voudriez enseigner, sur comment il doit les lire : mais s'il est un Enfant de faible compréhension, lisez-les devant lui, et laissez-le ensuite la répéter mot pour mot ; mais s'il a une bonne compréhension, laissez-le les lire 7 fois par jour pendant 7 jours : ou s'il s'agit d'une Note générale, prononcez ces Oraisons, et leurs Vertus vous seront très utiles, et vous y trouverez une grande vertu.

Salomon dit de ces Oraisons, que personne ne prétende en faire usage, sauf pour l'Office qui leur est assigné.

O Père, incompréhensible, de qui procède tout ce qui est bien ; dont la grandeur est incompréhensible. Entends aujourd'hui mes Prières que je fais sous ton regard et accorde-moi la Joie de ton salut que je puisse enseigner aux infâmes les Voies et les Chemins de tes Sciences, et convertir à toi les Rebelle et les incrédules afin que tout ce que je commémore et répète dans mon cœur et ma bouche, puisse prendre racine et fondation en moi ; afin que je sois puissant et efficace dans tes œuvres, *Amen*.

Dites cette Oraison avant les 6 Notes de Philosophie.

Gezemothon, Oromathian, Hayatha, Aygyay, Lethasihel, Lechizliel, Gegohay, Gerbonay, Samasatel, Samasathel, Gessiomo, Hatel, Segomasay, Azomathon, Helomathon, Gerochor, Hejazay, Samin, Heliel, Sanihelyel, Siloth, Silerech, Garamathal, Gesemathal, Gecoromay, Gecorenay, Samyel, Samihahel, Hesemyhel, Sedolamax, Secothamay, Samya, Rabiathos, Avinosch, Annas, Amen.

Puis dites ce qui suit.

O Roi éternel ! O Dieu, celui qui Juge et discerne toutes choses, qui connaît toutes les bonnes Sciences ; instruis-moi aujourd'hui pour l'amour de tes Saints Noms, et par ces Saints Sacrements ; et purifie ma compréhension afin que ta connaissance puisse entrer dans mes entrailles, comme l'eau qui coule de Ciel, et comme de l'Huile dans mes os, par toi, O Dieu Sauveur de toutes les choses, qui est la Fontaine de bonté et l'origine de la piété ; instruis-moi en ce jour dans ces Sciences que je désire, toi qui es Dieu unique pour toujours, *Amen*. O Dieu

Père incompréhensible, de qui procède tout ce qui est bon, dont la grandeur de la miséricorde est insondable, entends mes Prières que je fais devant toi en ce jour, et retourne-moi la joie de ton Salut, que je puisse enseigner aux injustes la connaissance de tes voies, et convertir à toi celui qui ne croit pas et le Rebelle ; et afin d'obtenir le pouvoir d'accomplir tes œuvres, *Amen.*

La 7ᵉ Oraison, qui est la fin des Oraisons, appartenant à l'ineffable Note, la dernière de la Théologie, ayant 24 Anges.

O Dieu de toute piété, Auteur et Fondateur de toutes choses, le Salut éternel et la rédemption de ton peuple ; Celui qui inspire et grand Pourvoyeur de toutes les grâces, les Sciences et les Arts, de qui provient le don. Inspire en moi, ton serviteur, un accroissement de ces Sciences : qui m'a donné la vie, à moi qui suis un misérable pécheur, défends mon âme et délivre mon cœur des mauvaises cogitations de ce Monde ; éteins et arrose en moi les flammes de tout désir de luxure et de fornication afin que je puisse me délecter plus attentivement de tes Sciences et de tes Arts ; et accorde-moi le désir de mon Cœur, car moi, étant confirmé et exalté dans ta gloire, je puisse t'aimer : et augmente en moi le puissance de ton Saint-

Esprit, par ton Salut et la récompense aux fidèles, au Salut de mon Corps et de mon Ame, *Amen.*

Puis dites ce qui suit.

Ô Dieu, le plus puissant des Pères, de qui procède tout ce qui est bon, dont la grandeur de la miséricorde est incompréhensible ; entends mes Prières que je fais à ta vue.

Préceptes spéciaux des Notes de Théologie, principalement de la 1ᵉ, 2ᵉ et 3ᵉ.

Ces 7 Oraisons sont une augmentation du reste, et devraient être dites avant toutes les Notes de Théologie, mais surtout avant l'ineffable Note ; ce sont les préceptes pour vous rendre suffisant, lesquels nous vous commandons d'observer par l'autorité de *Salomon* : demandez-les diligemment et faites comme nous avons proposé, et prononcez parfaitement les Oraisons, et examinez les Notes des autres Arts.

Comment Salomon a reçu cette Note ineffable de l'Ange.

Parce que vous désirez le Mystère des Notes, prenez ceci de l'ineffable Note, laquelle expression est donnée dans les Anges par les Figures des Épées, Oiseaux, Arbres, Fleurs, Chandelles et Serpents. Car *Salomon* l'a reçu du Seigneur dans la nuit de la Pacification, inscrit dans un livre d'Or, et l'entendit du Seigneur. Ne doutez pas, ni ne craignez rien ; car ce Sacrement est plus grand que tout le reste ; Et le Seigneur le réjouit en lui. Lorsque vous examinerez cette Note et lirez ses Oraisons, observez en premier les préceptes puis examinez-les avec diligence. Et méfiez-vous de garder et cacher prudemment ce que vous lirez dans cette Note de Dieu, et quoi que ce soit qui vous sera révélé par la vision. Et lorsque l'Ange du Seigneur vous apparaîtra, vous garderez pour vous et cacherez les mots et les écrits qu'il vous révélera ; et observez-les pour exercer et œuvrer en eux, observant toutes choses avec une grande révérence, et prononcez-les aux jours et aux heures convenus, comme indiqué précédemment : et dites ensuite : *Sapienter die illo* ; *Age, & caste vivas*. Mais si vous faites quelque chose d'incertain, il y a un danger ; comme nous en ferons l'expérience des autres Notes et de leurs Oraisons ; mais considérez ce que qui est le plus merveilleux dans ces Oraisons ; car ces mots sont d'ineffables Noms, et doivent être prononcés spirituellement avant l'ineffable Note, *Hosel, Jesel, Anchiator, Aratol, Hasiatol, Gemor, Gesameor*. Ce sont les Oraisons qui doivent être prononcées après l'examen de tous les Arts et suite à la Note de Théologie.

C'est l'accomplissement de toute l'œuvre ; mais nous allons expliquer plus clairement ce qui est nécessaire pour expérimenter cette œuvre. Au début de la connaissance de tout Art, il est donné la presque parfaite doctrine pour opérer. Je dis presque, car quelques institutions florissantes demeurent, dont c'est le premier commencement.

Comment les préceptes doivent être observés dans le fonctionnement de tous les Arts.

Observez les 4 ☽ dans chaque opération de Théologie. Exposez cette opération avec efficacité toutes les 4 ☽ *quartam lunam* ; et regardez avec diligence dans les livres et les écrits de ces Arts. Si vous doutez de l'un des Chapitres, ils doivent être prononcés comme il fut enseigné [à propos] des Chapitres supérieurs ; mais sachez ceci, que ces Paroles Saintes des Oraisons, pour une expérience de vie ou de mort, nous stipulons qu'elles doivent être prononcées au chevet du malade. Et vous pouvez faire ceci souvent, si vous ne désirez œuvrer dans rien d'autre de tout l'essentiel de l'Art. Et sachez ceci, que si vous n'avez pas les livres entre les mains, ou la faculté de les suivre des yeux, l'effet de ce travail n'en sera pas moindre pour autant : mais les Oraisons, qui ne devaient être prononcées qu'une seule fois devront alors être répétées à deux reprises. Et quant à la connaissance d'une vision, et les autres vertus que comportent ces saintes Oraisons ; vous pouvez les éprouver où et quand vous le souhaitez.

Ces préceptes doivent être spécialement observés.

Mais lorsque vous voudrez œuvrer en Théologie, observez seulement les jours convenus ; cependant tous les moments sont convenables pour ces Notes et Opérations pour lesquelles un temps imparti a été donné ; mais de la prononciation des trois Arts libéraux ou de l'inspection de leurs Notes, peut-être pourrez-vous omettre un jour prédéterminé si vous observez le reste ; ou si vous transgressez deux jours, ne quittez pas votre œuvre, car elle ne perdra pas son effet pour autant, car il est plus important d'observer la Lune qu'il en est des jours ou des heures. Car *Salomon* a dit, si tu manques un jour ou deux, ne crains rien, mais œuvre à partir des Chapitres généraux. Ce qui fut dit à leur propos est suffisant ; mais en aucun cas on ne doit oublier les mots qui doivent être prononcés au début de la lecture pour parfaire les Arts ; car il y a une grande vertu en eux. Et vous pouvez utiliser fréquemment les Paroles Saintes des visions : cependant si vous désirez œuvrer dans tout l'essentiel de l'Art de la Physique, les premiers Chapitres seront les premiers à être répétés comme il fut défini plus tôt. Et en Théologie vous devrez œuvrer uniquement par vous-même. Répétez les Oraisons fréquemment, et examinez les Notes de la Théologie : cela produit de grands effets. Il est nécessaire de toujours avoir en Mémoire la Note des 24 Anges ; et de garder fidèlement pour vous seul ces choses que l'Ange vous révélera en vision.

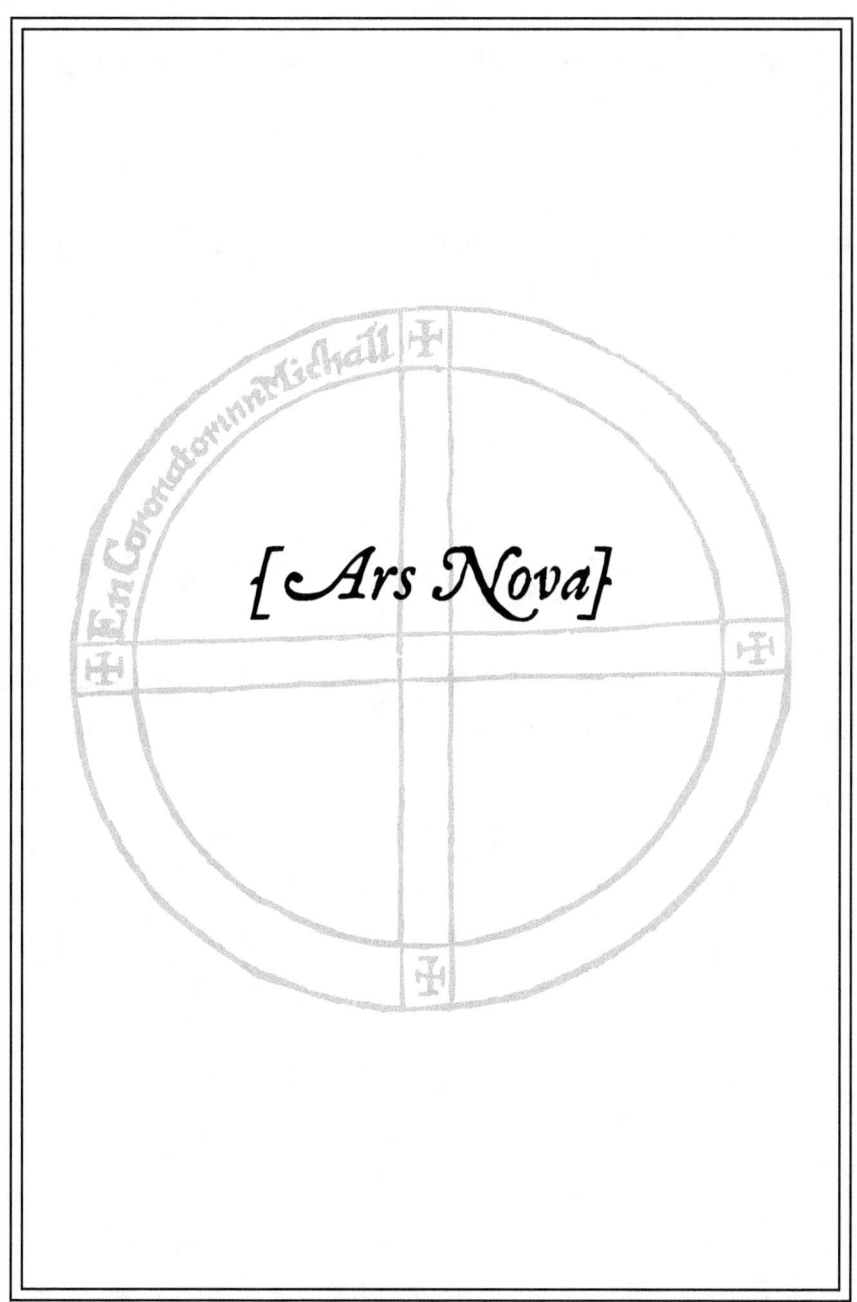

{ Ars Nova }

l'Expérience de l'œuvre précédente constitue le début de l'Oraisons suivante, que Salomon appelle Artem Novam.

Ces Oraisons peuvent être généralement dites avant tous les Arts, et spécialement avant toutes les Notes ; et si vous souhaitez œuvrer dans l'un des Arts susmentionnés, elles pourront être prononcées sans autres Chapitres, en prononçant ces Oraisons en temps opportun, et vous en retirerez une grande efficacité dans n'importe quel Art. Et en disant ces Oraisons, il n'est pas nécessaire d'observer le temps, le jour, ou la ☽ ; mais faites attention, avant de procéder, qu'en ces jours vous vous absteniez de tout péché, comme l'ivresse, la gourmandise, et les jurons plus particulièrement de sorte que vos connaissances en ces matières puissent être plus claires et les plus parfaites.

C'est pourquoi *Salomon* dit : Quand je devais prononcer ces Oraisons, je ne craignais point d'offenser Dieu ; et je me suis fixé un moment dans lequel les entamer ; et vivant chastement je puisse paraître le plus innocent.

Ce sont les Prœmiums[2] de ces Oraisons, que je pourrais prescrire de sorte que tout ce dont vous pourriez douter, sans aucune autre définition. Et avant de procéder à l'essai de l'une de ces œuvres subtiles, il est bon de jeûner pendant

---

2 Préliminaires.

deux ou trois jours ; afin qu'il puisse vous être divinement révélé si vos désirs sont bons ou mauvais.

Ce sont les préceptes établis avant chaque opération ; mais si vous éprouvez un doute au commencement, que ce soit à propos des trois premiers Chapitres ou des quatre Arts ultérieurs, à savoir si vous obtiendrez l'effet escompté de la parfaite connaissance ; considérant prononcer les Oraisons telles qu'elles sont indiquées même si vous omettiez quelque chose par ignorance ; vous trouverez la réconciliation par la vertu spirituelle des Oraisons suivantes.

L'Ange dit à *Salomon* de ces Oraisons : Vois la sainteté de ces Oraisons ; et si tu devais transgresser l'une d'elles soit par présomption ou par ignorance, prononce ces Oraisons avec respect et sagesse, à propos desquelles le grand Ange ajouta : Ceci est un grand Sacrement de Dieu, que le Seigneur t'envoie par ma main ; à la vénération duquel Sacrement, lorsque le Roi *Salomon* l'offrit avec grande patience devant le Seigneur sur l'Autel, il vit le livre couvert de lin fin, et dans ce livre étaient écrites 10 Oraisons, et pour chaque Oraison le signe du Sceau d'or. Et il entendit dans son Esprit : Ceux-ci sont ce que le Seigneur a créé, et ils sont très exclus du Cœur de l'infidèle.

C'est pourquoi *Salomon* trembla de peur d'offenser le Seigneur, et les conserva disant qu'il serait mauvais de les révéler aux infidèles : mais celui qui voudra connaître toute chose, grande ou spirituelle dans un Art ou dans une Science nécessaire, s'il ne peut obtenir une œuvre supérieure, il pourra alors prononcer ces Oraisons à n'importe quel moment qu'il le voudra. Les trois premières pour les trois premiers Arts libéraux; une Oraison individuelle pour chacun des Arts individuels, ou généralement les trois doivent être dites pour les trois Arts; et de la même manière pour les quatre Oraisons suivantes, pour quatre autres Arts libéraux. Et si vous voulez obtenir tout l'essentiel de l'Art, sans aucune définition du temps, vous pouvez alors prononcer ces Oraisons avant les Arts individuels, et avant les Oraisons et les Notes de ces Arts, aussi souvent que vous le désirez, pleinement, manifestement et secrètement; mais méfiez-vous que vous viviez chastement et sobrement au moment de leur prononciation.

Ceci est la première des 10 Oraison, qui peut être prononcée par elle-même, sans l'aide d'un travail précédent, afin d'acquérir la Mémoire, l'Éloquence et la compréhension et la stabilité de ces trois et à répéter singulièrement avant la première Figure de la Théologie.

Omnipotent, Incompréhensible, invisible et indissoluble Seigneur Dieu; j'adore aujourd'hui ton Saint Nom. Moi qui suis un pécheur indigne et misérable, j'élève ma Prière, ma compréhension et ma raison vers ton Saint et Céleste Temple, te déclarant, O Seigneur Dieu, d'être mon Créateur et mon Sauveur: et moi, une Créature rationnelle, invoque ta glorieuse clémence en ce jour afin que ton Saint-Esprit puisse vivifier mon infirmité. Et toi, O mon Dieu, qui as conféré les Éléments des lettres et l'efficace Doctrine de ta Langue à *Moïse* et *Aaron,* tes Serviteurs, dépose sur moi la même grâce de ta douceur que tu as investie à tes Serviteurs et Prophètes, comme tu leur as donné l'apprentissage en l'espace d'un moment, confère-moi le même apprentissage et purifie ma conscience des œuvres mortes ; dirige mon Cœur sur le droit chemin et ouvre-le qu'il comprenne, et laisse tomber la vérité dans ma compréhension. Et toi, O Seigneur Dieu, qui as daigné me créer d'après ta propre image, entends-moi dans ta Justice et enseigne-moi dans ta vérité, et remplis mon Ame de ta connaissance selon ta grande miséricorde, de sorte que dans la multitude de tes miséricordes, tu puisses m'aimer davantage et encore plus dans tes œuvres, et que je puisse me délecter de l'administration de tes Commandements ; afin que je sois aidé et restauré par l'œuvre de ta grâce, et purifié de Cœur et de Conscience pour avoir confiance en toi, je puisse exalter ton nom et festoyer à ta vue, car cela est bien devant tes Saints. Sanctifie-moi aujourd'hui que je puisse vivre dans la foi, le parfait espoir et la constance de la charité, et que je puisse apprendre et obtenir la connaissance que je désire ; et étant illuminé, renforcé et exalté par la Science obtenue, je puisse te connaître et t'adorer, et aimer la connaissance et la sagesse de tes Écritures ; et que je puisse comprendre et fermement retenir ce que tu auras permis à l'homme de savoir. O Seigneur Jésus-Christ, unique et éternel Fils de Dieu, entre les mains de qui le Père a tout donné devant tous les Mondes, accorde-moi aujourd'hui, car ton Nom Saint et Glorieux, nutriment indescriptible de l'Ame et du Corps, une Langue convenable, fluide, libre et parfaite ; et quoi que ce soit ce que je puisse demander dans ta miséricorde, ta volonté et ta vérité, je puisse obtenir ; et confirme toutes mes Prières et mes Gestes selon ton bon plaisir. O Seigneur mon Dieu, le Père de la Vie, ouvre la Fontaine des Sciences que je désire ; ouvre-la à moi, O Seigneur, la Fontaine que tu as ouverte à *Adam*, et à *Abraham*, et *Isaac*, et à *Jacob*, tes Serviteurs, pour comprendre, apprendre et juger ; reçois mes Prières, O Seigneur, à travers toutes tes vertus Célestes, *Amen*.

La prochaine Oraison est la seconde des dix, et elle confère l'Éloquence et doit être dite après l'autre ; un court intervalle entre les deux, et avant la première Figure de la Théologie.

Je t'adore, toi le Roi des Rois et des Seigneurs, éternel et immuable Roi. Entends aujourd'hui le cri et les soupirs de mon Cœur et de mon Esprit, afin que tu transformes ma compréhension, et m'accordes un Cœur de chair pour mon Cœur de pierre, que je puisse respirer devant mon Sauveur et Seigneur ; et lave avec ton nouvel Esprit, O Seigneur, les parties intérieures de mon Cœur, et nettoie le mal sur ma chair. Insuffle en moi une bonne intelligence, afin que je puisse devenir un nouvel homme ; réforme-moi dans ton amour et laisse ton salut me donner de plus vastes connaissances. Entends mes Prières, O Seigneur, avec lesquelles je pleure à toi, et ouvre les Yeux de ma chair et de mon intelligence afin que je puisse comprendre les merveilles de ta Loi ; car étant vivifié par ta Justification, je puisse me garder du Diable, l'adversaire des fidèles ; entends-moi, O Seigneur mon Dieu, et sois miséricordieux envers moi, et montre-moi ta miséricorde ; et approche de moi la coupe du Salut, que je puisse boire et être satisfait par la Fontaine de ta grâce, afin que je puisse obtenir la connaissance et la compréhension ; et que la grâce de ton Esprit Saint vienne et repose sur moi, Amen.

Pour l'Éloquence et la stabilité de l'esprit.

Ceci est la troisième Oraison des dix, et elle doit être prononcée avant la première Figure de l'Astronomie.

Je confesse en ce jour ma culpabilité devant toi, O Dieu, Père du Ciel et de la Terre, Créateur de toutes choses visibles et invisibles, de toutes les Créatures, Dispensateur et Donneur de toute grâce et vertu ; qui a occulté la sagesse et le savoir des orgueilleux et des infâmes, et qui les offrit aux fidèles et aux humbles ; illumine mon Cœur et établis ma Conscience et ma Compréhension. Place sur moi la lumière de ton consentement afin que je puisse t'aimer, et sois établi dans la connaissance de ma compréhension, de sorte qu'étant purifié des œuvres impies, je puisse atteindre la connaissance de ces Sciences que tu as réservées aux croyants. O Dieu miséricordieux et tout-puissant, purifie mon Cœur et renforce mon Ame et mes Sens avec la grâce de ton Esprit Saint, et établis-moi avec le feu de la même grâce. Illumine-moi ; rends-moi prêt, et place dans ma main droite le bâton de ta Consolation, dirige-moi dans ta Doctrine, déracine de moi tous les vices et péchés, et réconforte-moi dans l'amour de tes miséricordes. Insuffle en moi Seigneur, le souffle de Vie, et fait croître ma raison et ma compréhension ; envoie ton Saint-Esprit en moi afin que je sois parfait dans toutes les connaissances. Vois, O Seigneur, et considère la douleur de mon esprit, afin que ma volonté soit consolée en toi ; envois en moi ton Saint Esprit depuis le Ciel pour que je puisse comprendre ces choses que je désire. Donne-moi l'invention, O Seigneur, toi Fontaine de la parfaite raison et des richesses du savoir, afin que je puisse obtenir la sagesse par ta Divine assistance, Amen.

Pour Réconforter les Sens extérieurs et intérieurs.

O Dieu Saint, Père miséricordieux et omnipotent, Donneur de toutes choses; renforce-moi par ta puissance, et aide-moi par ta présence, comme tu fus miséricordieux envers *Adam*, et lui inculqua la connaissance soudaine de tous les Arts par ta grande miséricorde, accorde-moi le pouvoir d'obtenir le même savoir par la même miséricorde. Sois présent avec moi, O Seigneur, et enseigne-moi. O très miséricordieux Seigneur Jésus-Christ, Fils de Dieu, insuffle en moi ton Saint Esprit, qui provient de toi et du Père; renforce aujourd'hui mon travail, et enseigne-moi que je puisse marcher dans ta connaissance, et glorifier l'abondance de ta grâce. Puissent les flammes de ton Esprit Saint réjouir la Cité de mon Cœur, en insufflant en moi tes Divines Écritures; alimente mon Cœur avec toute l'Éloquence, et vivifie-moi de ta Sainte visitation; efface de moi les taches de tous les vices, je t'en supplie, O Seigneur Dieu incompréhensible, fait que ta grâce repose toujours sur moi, et qu'elle croît en moi; guéris mon Ame par ton inestimable bonté, et réconforte mon Cœur tout au long de ma vie afin que je puisse comprendre ce que j'entends, et ce que je comprends je puisse le conserver en Mémoire; donne-moi, par ton inépuisable grâce et bonté un Cœur et une Langue enseignables; et la grâce du Père, du Fils et du Saint-Esprit, Amen.

Ce qui suit est pour la Mémoire.

O Saint Père, Fils miséricordieux et Saint-Esprit, Roi inestimable. J'adore, invoque et supplie ton Saint Nom, celui par ta bonté débordante tu oublieras tous mes péchés. Sois miséricordieux envers le pécheur que je suis, présageant d'aller vers cette Office de connaissance et d'apprentissage occulte ; et fais en sorte, O Seigneur, que cela puisse être efficace en moi. Ouvre mes oreilles, O Seigneur, que je puisse entendre ; et retire les écailles de mes yeux que je puisse voir. Fortifie mes mains, que je puisse travailler ; ouvre mon visage pour que je puisse comprendre ta volonté, à la gloire de ton Nom, qui est béni pour toujours, *Amen*.

Ce qui suit fortifie les Sens intérieurs et extérieurs.

Élève vers toi les sens de mon Cœur et de mon Ame, O Seigneur mon Dieu, et élève à toi mon cœur en ce jour ; que mes mots et mes œuvres puissent te plaire à la vue de tous ; laisse ta miséricorde et ton omnipotence briller dans mes entrailles ; laisse ma compréhension être élargie, et laisse ta Sainte Éloquence être douce dans ma bouche, afin que je puisse comprendre et répéter ce que je lis ou entends : comme a compris *Adam*, et comme a conservé *Abraham*, alors permets-moi de continuer à comprendre ; et comme

Jacob était ancré et enraciné dans ta sagesse, alors fais-en de même pour moi. Puisse le fondement de ta miséricorde être confirmé en moi, que je puisse jouir des œuvres provenant de tes mains et persévérer dans la justice et la paix de l'Ame et du Corps; la grâce de ton Saint-Esprit œuvrant en moi que je puisse me réjouir dans le renversement de tous mes adversaires, *Amen.*

Ce qui suit donne l'Éloquence, la Mémoire et la Stabilité.

Dispensateur de tous les Royaumes et de tous les dons visibles et invisibles : O Dieu, Celui qui ordonne et Souverain de toutes les volontés, par le Conseil de ton Esprit, dispose et vivifie la faiblesse de ma compréhension, que je puisse brûler en accédant au bien de ta Sainte volonté. Fais le bien à mon égard selon ton bon plaisir, sans tenir compte de mes péchés ; accorde-moi mon désir, malgré que j'en sois indigne ; confirme ma Mémoire et ma raison à savoir, comprendre et retenir, et par ta grâce donne à mes sens des effets bénéfiques, et justifie-moi par la justification de ton Saint-Esprit, que pour importe les péchés contractés dans ma chair, puissent-ils être effacés par ton pouvoir Divin ; toi qui au commencement était heureux d'avoir créé le Ciel et la Terre, par ta Miséricorde, restaure les mêmes, toi qui éprouve du plaisir à restaurer l'homme perdu à ton très Saint Royaume ; O Seigneur de sagesse, rétablis l'Éloquence dans tous mes sens, de sorte que je, un pécheur indigne, sois confirmé dans ton savoir et dans toutes tes œuvres, par la grâce du Père, du Fils et du Saint-Esprit, qui vivent et règnent trois en un, *Amen*.

Une Oraison pour retrouver la sagesse perdue.

O Dieu de vie, Seigneur de toutes les Créatures visibles et invisibles, Administrateur et Dispensateur de toutes choses, illumine mon Cœur en ce jour par la grâce de ton Saint-Esprit, fortifie mon homme intérieur et déverse en moi la rosée de ta grâce, par laquelle tu instruis les Anges ; informe-moi avec la totalité de ton savoir, avec laquelle, dès le commencement, tu as enseigné aux fidèles ; que ta grâce agisse en moi et que les déversements de ta grâce et de ton Esprit nettoient et corrigent la crasse de ma Conscience. Toi qui viens du Ciel sur les Eaux de ta Majesté, confirme ce merveilleux Sacrement en moi.

Pour obtenir la grâce du Saint-Esprit.

O Seigneur mon Dieu, Père de toutes choses, qui révèle à tes serviteurs tes secrets célestes et terrestres, humblement j'implore et supplie ta Majesté, car puisque tu es le Roi et le Prince de toutes Sciences, entends mes Prières, et guide mes œuvres, et laisse mes Gestes prévaloir dans les vertus Célestes par ton Saint Esprit. J'en appelle à toi, O Dieu, entends ma Clameur, je soupire vers toi, entends les soupirs de mon Cœur et à jamais préserve mon Esprit, mon Ame et mon Corps sous la sauvegarde de ton Saint-Esprit ; O Dieu, toi Saint-Esprit, charité Céleste et perpétuelle, dont le Ciel et la Terre en sont remplis, respire ton souffle sur mon opération ; et ce dont j'ai besoin pour ton honneur et ta gloire, accorde-le moi. Laisse ton Saint-Esprit venir sur moi, régner, et me gouverner, *Amen.*

Pour recouvrir la sagesse intellectuelle.

O Seigneur, moi ton serviteur, je me confesse à toi devant la Majesté de ta gloire, en quel esprit se trouve toute la Magnificence et la Rectitude. Je te supplie selon ton Nom innommable, prête tes Yeux et tes Oreilles miséricordieuses sur l'Office de mon œuvre ; et ouvrant ta main je puisse être rempli avec la grâce que je désire, et être rassasié avec la charité et la bonté par laquelle tu as fondé le Ciel et la Terre, qui vivent, &c.

Prononcez ces Oraisons à partir du premier jour du mois jusqu'au quatrième : au quatrième jour Alpha et Omega, et ce qui suit, à savoir *Helischemat azatan*; Comme au début : dites ensuite,

Theos Megale patyr, ymas heth heldya, hebeath heleotezygel, Salatyel, Salus, Telli, Samel, Zadaziel, Zadan, Sadiz Leogio, Yemegas, Mengas, Omchon Myeroym, Ezel, Ezely, Yegrogamal, Sameldach, Somelta, Sanay, Geltonama, Hanns, Simon Salte, Patyr, Osyon, Hate, Haylos, Amen.
O lumière du Monde Dieu immense, &c.

De ce fait, l'Éloquence est tellement augmentée que rien n'est au-dessus d'elle.

Thezay lemach ossanlomach azabath azach azare gessemon relaame azathabelial biliarsonor tintingote amussiton sebamay halbuchyre gemaybe redayl bermayl textossepha pamphilos Cytrogoomon bapada lampdayochim yochyle tahencior yastamor Sadomegol gyeleiton zomagon Somasgei baltea achetom gegerametos halyphala semean utangelsemon barya therica getraman sechalmata balnat hariynos haylos halos genegat gemnegal saneyalaix samartaix camael satabmal simalena gaycyah salmancha sabanon salmalsay silimacroton zegasme bacherietas zemethim theameabal gezorabal craton henna glungh hariagil parimegos zamariel leozomach rex maleosia mission zebmay aliaox gemois sazayl neomagil Xe Xe Sepha caphamal azeton gezain holhanhihala semeanay gehosynon caryacta gemyazan zeamphalachin zegelaman bathanatos, semach gerorabat syrnosyel, balaboem hebalor halebech ruos sabor ydelmasan falior sabor megiozgoz neyather pharamshe forantes saza mogh schampeton sadomthe nepotz minaba zanon suafnezenon inhancon maninas gereuran gethamayh passamoth theon beth sathamac hamolnera galsemariach nechomnan regnali phaga messyym demogempta teremegarz salmachaon alpibanon balon septzurz sapremo sapiazte baryon aria usyon sameszion sepha athmiti sobonan Armissiton tintingit telo ylon usyon, Amen.

Azay lemach azae gessemon thelamech azabhaihal sezyon traheo emagal gyeotheon samegon pamphilos sitragramon limpda jachim alna hasios genonagal samalayp camiel secal hanagogan beselemach getal sam sademon sebmassan traphon oriaglpan thonagas tyngen amissus coysodaman assonnap senaly sodan alup theonantriatos copha anaphial Azathon azaza hamel hyala saraman gelyor synon banadacha gennam sassetal maga halgozaman setraphangon zegelune Athanathay senach zere zabal somayel leosamach githacal halebriatos Jaboy del masan negbare phacamech schon nebooz cherisemach gethazayhy amilya semem ames gemay passaynach tagayl agamal fragal mesi themegemach samalacha nabolem zopmon usyon felam semessi theon, Amen.

La troisième partie, le signe Lemach.

Lemach sabrice elchyan gezagan tomaspin hegety gemial exyophyam soratum salathahom bezapha saphatez Calmichan samolich lena zotha phete him hapnies sengengeon lethis, Amen.

Pour la Mémoire.

O grand Dieu invisible, *Theos patyr behominas Cadagamias imas* par tes Saints Anges, qui sont *Michael* la Médecine de Dieu ; *Raphaël* la Fortitude de Dieu, *Gabriel ardens holy per Amassan, Cherubin, Gelommeios, Sezaphim gedabanan, tochrosi gade anathon, zatraman zamanary gebrienam.* O abondance, Saints Chérubins, par tous tes Anges et par tous tes glorieux Archanges, dont les Noms sont consacrés par Dieu, qui ne doivent point être prononcés par nous, qui sont les suivants : *dichal, dehel depymon exluse exmegon pharconas Nanagon hossyelozogon gathena ramon garbona vramani Mogon hamas.* Que les sens humain ne peuvent appréhender. Je te supplie, O Seigneur, illumine ma Conscience avec la Splendeur de ta lumière ; et illustre et confirme ma compréhension avec la douce odeur de ton Esprit ; orne mon Ame, réforme mon cœur, que je puisse comprendre ce que j'entends et le retenir dans ma Mémoire. O Dieu miséricordieux, apaise mes entrailles, fortifie ma Mémoire, ouvre miséricordieusement ma bouche pour tempérer ma Langue par ton Nom glorieux et innommable. Toi qui es la Fontaine de toute bonté, sois patient avec moi, et donne-moi une bonne Mémoire, &c.

Prononcez ces Oraisons dans la quatrième ☽, à savoir, *Hely-schemath, Alpha et Omega, Theos megale.*

O lumière du Monde. *Azalemach*, grand Dieu, je t'en supplie :

Celles-ci doivent être prononcées dans les 8, 12, 10, 20, 24, 28, 30[3]. Et répétez-les à quatre reprises lors de toutes ces Lunaisons ; soit une fois le matin, une fois à la troisième heure, une fois à la neuvième, et une fois en soirée ; et à aucun moment lors des autres jours, mais que celles du premier jour, qui sont Alpha et Omega, *Helyschemat*,

Tout-puissant, incompréhensible, je t'adore. Je me confesse coupable. O *Theos hazamagiel.* O Seigneur Dieu miséricordieux, élève les sens de ma chair. O Dieu de tous les vivants et de tous les Royaumes, je confesse en ce jour, O Seigneur, que je suis ton serviteur.

---

3   Possiblement une simple erreur pour ce qui devrait être : 8, 10, 12, 20, 24, 28, 30.

Répétez ces Oraisons également à quatre reprises au cours des autres jours, soit une fois le matin, une fois dans la soirée, une fois vers la troisième heure et une fois à la neuvième. Et vous pourrez acquérir pleinement la Mémoire, l'Éloquence et la stabilité, *Amen*.

La Conclusion de l'ensemble de l'œuvre, et la Confirmation de la Science obtenue.

O Dieu, Créateur de toutes choses ; qui a créé toutes choses à partir de rien ; qui au commencement a merveilleusement créé le Ciel et la Terre, et toutes choses par degrés et par ordre, avec ton Fils par qui toutes choses sont faites et en qui toutes choses reviendront, qui est Alpha et Omega. Même étant un pécheur indigne, je te supplie afin que je puisse rapidement parvenir à mes fins dans cet Art Sacré, et de ne rien y perdre à cause de mes péchés ; mais fais-moi le bien, selon ton innommable miséricorde : qui ne nous traite pas selon nos péchés, ni ne nous punit selon nos iniquités, *Amen*.

Dites ceci à la fin avec dévotion.

O sagesse de Dieu le Père incompréhensible, O Fils le plus miséricordieux, accorde-moi ton ineffable miséricorde, ta grande connaissance et sagesse, comme tu as merveilleusement accordé toute la Science au Roi *Salomon*, sans tenir compte de ses péchés ou de sa méchanceté, mais que sur ta propre miséricorde. C'est pourquoi j'implore ta miséricorde. Bien que je sois un pécheur très vil et indigne, donne un tel dénouement à mes désirs dans cet Art, par lequel les mains de ta générosité peuvent être élargies vers moi, et que par ta lumière, je puisse marcher dans tes voies le plus dévotement et être un bon exemple pour les autres ; par lequel tout ceux qui me verront et m'entendront puissent se garder de leurs vices, et louer ta sainteté à travers tous les Mondes, *Amen*.

Béni soit le nom du Seigneur, &c. répétez toujours ces deux Oraisons à la fin, pour confirmer votre connaissance acquise.

La Bénédiction du lieu.

Béni ce lieu, O Seigneur, afin qu'il puisse y régner une Sainteté Sacrée, chasteté, douceur, victoire, pureté, humilité, bonté, abondance, obéissance de la Loi, au Père, au Fils et au Saint-Esprit. Entends, O Seigneur, Saint Père, Dieu Tout-Puissant et éternel, et envoie ton Saint Ange *Michael*, qu'il puisse me visiter, me protéger, me garder et me conserver, demeurant dans ce Tabernacle, par celui qui vit, &c.

Respectez les Lunaisons lorsque vous voudrez opérer. Elles doivent être choisies dans ces Mois où le ☉ régit en ♊ et en ♍ ♈ ♌ ♎ ♉, dans ces Mois vous pouvez commencer.

Au Nom du Seigneur commence ce très Saint Art, que le très-haut Dieu a Administré à *Salomon* par son Ange sur l'Autel, et ainsi soudainement, en peu de temps, il fut élevé dans la connaissance de toutes les Sciences ; et sachez que dans ces Oraisons y sont contenues toutes les Sciences, Licites et Illicites. Premièrement, si vous prononcez les Oraisons de la Mémoire, de l'Éloquence, de la Compréhension, et de la stabilité de celles-ci ; ces dernières seront puissamment augmentées à un point tel que vous aurez peine à conserver le silence ; car par un seul mot, toutes les choses ont été Créées, et en vertu de ce mot, tous les êtres créés se tiennent debout, et chaque Sacrement, et ce Mot est Dieu. Ainsi donc, que l'Opérateur demeure constant dans sa foi et qu'il croit avec confiance qu'il puisse obtenir un tel savoir et une telle sagesse par la prononciation de ces Oraisons, car avec Dieu rien n'est impossible. Par conséquent, que l'opérateur poursuive donc son œuvre avec foi, espoir et un désir constant, tout en croyant fermement ; parce que nous ne pouvons rien obtenir que par la foi. Et donc, n'ayez aucun doute dans cette opération dont il existe trois espèces permettant d'obtenir cet Art.

La première espèce est l'Oraison, et la raison d'un esprit Divin, non en tentant de vocaliser la dépréciation, mais plutôt par la lecture et la répétition de la même chose intérieurement. La deuxième espèce est le jeûne et la prière, car l'homme qui prie est entendu de Dieu. La troisième espèce est la chasteté ; celui qui désire opérer dans cet Art soit propre et chaste pour une période d'au moins neuf jours ; et avant de commencer, il est nécessaire que vous connaissiez l'heure de la ☽ car lorsque la ☽ est dans son apogée, il convient alors d'opérer en cet Art. Et lorsque vous entamez un Art aussi sacré, prenez soin de vous abstenir de tout péché mortel, à tout le moins pendant que vous serez à l'œuvre dans ce travail, jusqu'à ce qu'il soit terminé et dûment complété. Et au moment de débuter l'opération, dites ce verset à genoux : *Fais lever sur nous la lumière de ta face, Seigneur, mon Dieu, et n'abandonne pas ton serviteur N. qui a confiance en toi.* Dites ensuite trois *Pater Noster, &c.* Et affirmez que vous ne commettrez jamais aucun parjure, mais plutôt que vous persévérez toujours dans la foi et l'espérance. Ceci étant fait, agenouillé à l'endroit où vous désirez opérer, dites :

> Notre secours se trouve dans le Nom du Seigneur qui a créé le Ciel et la Terre. Et j'entrerai dans l'Invocation du Très-Haut, à lui qui éclaire et purifie mon Ame et ma Conscience, qui habitent sous le couvert de l'aide du Très-Haut, et poursuit sous la protection du Dieu du Ciel. O Seigneur, ouvre et dévoile les doutes de mon Cœur, et transforme-moi en un nouvel homme par ton amour. Puisses-tu être, O Seigneur, la véritable foi, l'espoir de ma vie et la parfaite charité, pour déclarer tes merveilles. Prions :

L'ART NOTOIRE DE SALOMON

Puis prononcez l'Oraison suivante :

O Dieu mon Dieu, qui au commencement a créé toutes choses à partir de rien, et a réformé toutes choses par ton Esprit ; restaure ma Conscience et guéris mon intelligence afin que je puisse te glorifier dans toutes mes pensées, mes paroles et mes actes ; par celui qui vit et règne avec toi pour toujours, *Amen*.

Maintenant, au Nom du *Christ*, le premier jour du Mois dans lequel vous souhaitez acquérir la Mémoire, l'Éloquence et la Compréhension et leur stabilité, avec un cœur parfait, bon et contrit, et du chagrin pour vos péchés commis ; vous pourrez commencer à prononcer les Oraisons suivantes qui relèvent de l'obtention de la Mémoire et de toutes les Sciences, et qui ont été composées de la main de Dieu et livrées par l'Ange à *Salomon*.

La première et la dernière Oraison de cet Art est Alpha et Omega : *O Dieu Tout-Puissant, &c.*

Suit une Oraison constituée de quatre Langues, qui est :

Hely, Schemat, Azatan, honiel sichut, tam, imel, Iatatandema, Jetromiam, Theos : O Dieu Saint et fort, *Hamacha, Mal, Gottneman, Alazaman, Actuaar, Secheahal, Salmazan, zay, zojeracim, Lam hay, Masaraman, grensi zamach, heliamat, seman, selmar, yetrosaman muchaer, vesar, hasarian Azaniz, Azamet, Amathemach, Hersomini.* Et toi, très Saint et Juste Dieu, incompréhensible dans toutes tes œuvres, lesquelles sont Saintes, justes et bonnes ; *Magol, Achelmetor, samalsace, yana, Eman* et *cogige, maimegas, zemmail, Azanietan, illebatha sacraman, reonas, grome, zebaman, zeyhoman, xeonoma, melas, beman, bathoterma, yatarmam, semen, semetary,* Amen.

Cette Oraison doit suivre la première des dix écrites ci-dessus.

Pour effectuer n'importe quelle œuvre.

Ceci doit suivre la troisième Oraison plus haut :

Je confesse, O *Theos hazamagielgezuzan, sazaman, Sathaman, getormantas, salathiel, nesomel, megal vuieghama, yazamir, zeyhaman, hamamal amna, nisza, deleth, hazamaloth, moy pamazathoran hanasuelnea, sacromomem, gegonoman, zaramacham Cades bachet girtassoman, gyseton palaphatos halathel Osachynan machay,* Amen.

C'est est une expérience véritable et approuvée [éprouvée], pour comprendre tous les Arts et les secrets du Monde, pour découvrir et déterrer les minéraux et les trésors ; cela fut révélé par l'Ange Céleste dans cet Art Notoire. Car cet

Art, par son utilisation Divine, sert aussi à déclarer les choses à venir, et rend les sens capables de tous les Arts dans un court laps de temps.

Nous devons aussi parler du moment et du lieu. D'abord, tous ces préceptes doivent être observés et retenus ; et l'opérateur doit être propre, chaste, repentant des péchés commis et désirer ardemment cesser d'en commettre autant que faire se peut ; et donc qu'il poursuive et chaque œuvre sera investie en lui par le Ministère Divin.

Lorsque vous souhaiterez opérer en période de nouvelle Lune, agenouillez-vous et dites ce verset : *Fais lever sur nous la lumière de ta face, O Dieu, et ne nous abandonne pas, O Seigneur notre Dieu*. Dites ensuite trois *Pater Noster*. Et ensuite qu'il puisse faire le serment à Dieu qu'il ne commettra jamais aucun parjure, mais plutôt qu'il persévérera dans la foi. Ceci étant fait, la nuit venue, étant agenouillé devant votre lit, dites : *Notre secours se trouve dans le Nom du Seigneur, &c.* et dans ce Psaume : *Celui qui demeure sous l'abri du Très-Haut Repose à l'ombre du Tout-Puissant jusqu'à la fin*. Et le Notre Père ainsi que la Prière qui suit.

> *Theos Pater vehemens* ; Dieu des Anges, je te prie et je t'invoque par tes Anges les plus Sacrés *Eliphamasay, Gelomiros, Gedo bonay, Saranana, Elomnia*, et par tous tes Saints Noms, lesquels nous ne devons prononcer, qui sont : *de. el. x p n k h t li g y y.* à ne point être dits ou compris par les sens humains ; je te supplie de purifier ma Conscience avec la splendeur de ton

Nom ; illustre et confirme ma Compréhension avec la douce saveur de ton Saint-Esprit. O Seigneur, orne mon Ame que je puisse comprendre et conserver le parfait souvenir de ce que j'entends ; réforme mon Cœur et restaure mon Cœur, et restaure mes sens, O Seigneur Dieu, et guéris mes entrailles. Dieu très miséricordieux, ouvre ma bouche et tempère et établis la fondation de ma Langue à la louange et à la gloire de ton Nom, par ton Nom glorieux et indescriptible. O Seigneur, qui est la Fontaine de toute bonté et l'origine de toute piété, sois patient avec moi et donne-moi une véritable Compréhension afin de savoir tout ce qui me convient et de le conserver en Mémoire. Toi qui présentement ne Juge point un pécheur, mais attends miséricordieusement le repentir ; je te supplie, bien qu'indigne, de me laver la crasse de mes péchés et de ma méchanceté, et accorde-moi mes demandes, à la louange et à la gloire de ton Saint Nom ; qui vit et règne, un Dieu, en parfaite Trinité, pour les siècles des siècles, *Amen.*

Quelques autres préceptes à observer dans cette œuvre.

Jeûnez le lendemain avec du pain et de l'eau et donnez l'aumône. Si c'est le jour du Seigneur, alors donnez le double de l'aumône. Soyez propre autant de corps et d'esprit et revêtez des vêtements propres.

Le processus suit.

Lorsque vous ferez une opération concernant un Problème ou une Question difficile, Confessez-vous à Dieu le Père, à genoux devant votre lit, puis ayant terminé votre Confession, prononcez cette Oraison.

O Seigneur, envois ta sagesse pour m'assister, afin qu'elle soit avec moi, et qu'elle travaille avec moi, et que je puisse toujours savoir ce qui est acceptable pour toi ; et qu'envers moi, N., puisse être manifestée la vérité de cette question ou de cet Art.

Ceci étant fait par trois fois, au lever le lendemain, avec les genoux fléchis et les mains tendues, vous remercierez Dieu Tout-Puissant en disant : *Gloire et honneur et bénédiction soit sur celui qui siège sur le Trône et qui vit éternellement, Amen.*

Mais si vous désirez comprendre n'importe quel livre que ce soit, demandez à quelques-uns qui ont un certain savoir de ce que traite ce livre. Ceci étant fait, ouvrez le livre et lisez-le et œuvrez comme au début par trois fois, et toujours lorsque vous irez dormir, écrivez Alpha et Omega, et ensuite couchez-vous sur le côté droit, en plaçant la paume de votre main sous votre Oreille, et vous apercevrez en rêve toutes les choses que vous désirez ; et vous entendrez la voix de l'un vous informant et vous instruisant dans ce livre ou dans toute autre faculté pour laquelle vous souhaitez opérer.

Et au matin, ouvrez le livre, et lisez-le ; et vous devriez alors en comprendre le contenu comme si vous l'aviez longuement étudié. Et souvenez-vous de toujours de rendre grâce à Dieu, comme ci-dessus.

Après le premier jour, prononcez cette Oraison :

O Père, Créateur de toutes les Créatures ; par ton pouvoir indicible avec lequel tu as créé toutes choses, éveille le même pouvoir et viens me sauver, et protège-moi contre toutes les adversités de l'Ame et du Corps, *Amen.*

Du Fils, dites :

O Christ, Fils du Dieu vivant, qui est la splendeur et la forme de la lumière, avec qui il n'y a pas d'altération ni d'ombre de changement ; Tes Paroles du Dieu Très-Haut, ta sagesse du Père ; ouvre à moi, ton indigne serviteur N., les veines de ton Esprit sauveur, afin qu'avec sagesse je comprenne et conserve en Mémoire, et déclare toutes tes merveilles. O sagesse qui provient de la bouche du Très-Haut, allant puissamment de bout en bout, disposant doucement toutes les choses du Monde, viens et enseigne-moi la voie de la prudence et de la sagesse. O Seigneur qui a offert ton Saint-Esprit à tes Disciples afin de leur enseigner et illuminer leurs Cœurs, accorde-moi, qui suis ton indigne serviteur N., le même Esprit que je puisse toujours me réjouir dans sa consolation.

Autres préceptes.

Ayant terminé ces Oraisons, et ayant donné l'aumône, lorsque vous pénétrerez dans votre Chambre, agenouillez-vous dévotement devant votre lit, prononçant ce Psaume : *Aie pitié de moi, O Dieu, selon la multitude de tes grandes miséricordes, &c. Et en toi O Seigneur, j'ai mis ma confiance, &c.* Alors levez-vous et dirigez-vous vers le mur, et tendez les mains vers l'avant, ayant deux clous fixés, que vous pourrez tenir en l'air dans vos mains, et dites la Prière suivante avec grande dévotion :

> O Dieu qui, pour nous misérables pécheurs, a souffert et douloureusement est mort sur la Croix ; à qui aussi *Abraham* offrit son fils *Isaac* ; Moi, ton indigne serviteur, un pécheur troublé par de nombreux maux, t'offre et te Sacrifie en ce jour mon Ame et mon Corps, que tu puisses infuser en moi ta sagesse Divine et m'inspirer de ton Esprit de Prophétie, avec lequel tu as inspiré les Saints Prophètes.

Prononcez ensuite ce Psaume : *O Seigneur, incline tes oreilles à mes paroles, &c.* et ajoutez :

Le Seigneur est mon berger, je ne manque de rien. Sur des prés d'herbe fraîche, il me fait reposer, moi son serviteur N. Il me mène vers les eaux tranquilles et fait revivre mon Ame ; et me conduit, moi N., par le juste chemin pour l'honneur de son Saint Nom. Puisse ma Prière du soir monter vers toi O Seigneur, et puisse ta miséricorde descendre sur moi, ton indigne serviteur N. Protège, sauve, bénis et sanctifies-moi, que je puisse avoir un bouclier contre tous les dards de mes vils ennemis. Défends-moi, O Seigneur, par le prix du sang du Juste, avec lequel tu m'as racheté ; qui vis et règne, Dieu, dont la sagesse a posé les fondements du Ciel et a formé la Terre, et a placé la Mer dans ses limites. Et par le prononcé de ta Parole a créé toutes les Créatures, et a formé l'homme à partir de la poussière de la Terre selon sa propre image et ressemblance ; qui a donné une sagesse inestimable à *Salomon*, le fils du Roi *David* ; qui a donné à ses Prophètes l'Esprit de Prophétie, et a infusé aux Philosophes un merveilleux savoir Philosophique, a confirmé les Apôtres de courage, a réconforté et renforcé les Martyrs qui exaltent son élu depuis l'éternité, et pourvois pour eux. O Seigneur Dieu, multiplie ta miséricorde sur moi ton indigne serviteur N., en me donnant un esprit enseignable et une compréhension ornée de vertu et de connaissance, et une ferme et solide Mémoire, afin que je puisse accomplir et retenir tout ce que j'entreprendrai par la grandeur de ton merveilleux Nom. Fais lever sur moi la lumière de ta face, Seigneur, mon Dieu, qui espère en toi. Viens et enseigne-moi, O Seigneur Dieu des vertus, et montre-moi ton visage, et je serai en sécurité.

Puis ajoutez ce Psaume, excepté ce verset, *Confundantur*, &c: *Vers toi, O Seigneur, j'élève mon Ame : O mon Dieu, en toi je remets ma confiance.*
Après avoir accompli ces choses sur le mur, allez au lit, écrivant dans votre main droite Alpha et Omega. Puis couchez-vous et dormez sur votre côté droit, en tenant la main sous votre Oreille droite, et vous verrez la grandeur de Dieu comme vous l'avez demandée. Et au matin, à genoux devant votre lit, rendez grâce à Dieu pour les choses qu'il vous aura révélées :

Je te rends grâce, O grand et merveilleux Dieu, qui m'a donné le Salut et la connaissance des Arts, à moi ton indigne serviteur N., et confirme ceci, O Dieu, que tu as forgé en moi pour me préserver. Je te rends grâce, O puissant Seigneur Dieu, qui m'a créé de rien, moi misérable pécheur, lorsque je n'étais rien et que j'étais complètement perdu et non racheté, mais par le précieux sang de ton Fils notre Seigneur *Jésus-Christ* ; et quand j'étais ignorant tu m'as donné le savoir et l'apprentissage ; accorde-moi, ton serviteur N., O Seigneur *Jésus-Christ*, que par ces connaissances je puisse toujours être constant dans ton service Sacré, *Amen*.

Ces opérations étant accomplies avec dévotion, rendez grâce quotidiennement à l'aide de ces dernières Oraisons. Mais lorsque vous voudrez lire, étudier ou disputer, dites : *Souviens-toi de tes paroles envers ton Serviteur, O Seigneur, en qui tu as donné espoir ; ceci est mon réconfort dans l'humilité*. Ajoutez ensuite ces Oraisons :

Souviens-toi de moi, O Seigneur des Seigneurs, mets de bons mots et de bonnes paroles dans ma bouche que je puisse être entendu efficacement et puissamment, à la louange, la gloire et l'honneur de ton glorieux Nom, qui est Alpha et Omega, béni pour toujours, pour les siècles des siècles, *Amen*.

Puis prononcez silencieusement ces Oraisons.

O Seigneur Dieu, qui crées quotidiennement de nouveaux symboles et d'immuables merveilles, emplis-moi de l'esprit de sagesse, de compréhension et d'Eloquence ; rends ma bouche aussi tranchante qu'une Épée, et ma Langue comme une flèche, & confirme les paroles de ma bouche à toute sagesse : apaise les Cœurs de ceux qui écoutent pour qu'ils comprennent ce qu'ils désirent, *Elysenach, Tzacham, &c.*

La façon de Consacrer la Figure de la Mémoire.

Elle doit être consacrée en faisant preuve d'une grande foi, d'espérance et de charité ; et lorsque consacrée, elle doit être conservée et utilisée dans les opérations comme suit.

Au premier jour de la nouvelle Lune, ayant contemplé la nouvelle Lune, placez la Figure sous votre Oreille droite, et de même pour toutes les autres nuits, et sept fois par jour, à la première heure au matin en disant ce Psaume : *Qui habitat, &c.* entièrement ; ainsi que la Prière du Notre Père à une reprise, et cette Oraison *Theos Patyr*, une fois dans la première heure du jour. Puis dites ce Psaume : *Confitebor tibi Domine, &c.* et la Prière du Notre père à deux reprises, et l'Oraison *Theos Patyr* deux fois.

Dans la troisième heure de la journée, le Psaume : *Benedicat anima mea Dominum, &c,* la Prière du Notre Père à trois reprises et l'Oraison *Theos Patyr*.

Dans la sixième heure, dites ce Psaume : *Appropinquet deprecato mea in conspectu tuo Domine, secundum eloquium tuum.*

Accorde-moi la Mémoire et entends ma voix selon ta grande miséricorde et selon ta parole, accorde l'Éloquence, et mes lèvres pourront montrer ta majesté, lorsque tu m'enseigneras ta Gloire : *Gloria patria, &c,* et dites la prière du Notre Père et *Theos Patyr* à neuf reprises.

À la neuvième heure, dites le Psaume : *Beati immaculati in via* ; le Notre Père et *Theos Patyr* 12 fois.

Dans la soirée, dites ce Psaume : *Deus misereatur nostri* ; le Notre Père 15 fois, et *Theos Patyr* autant de fois.

À la dernière heure, dites ce Psaume : *Deus Deus meus respice in me, &c.* & *Deus in adjutorium meum intende,* et *te Deum Laudamus* ; le Notre Père et *Theos Patyr* à une reprise. Prononcez ensuite l'Oraison suivante à deux reprises.

O Dieu qui a divisé toutes choses en nombre, poids et mesure, en heures, nuits et jours ; qui a compté le nombre d'Étoiles, accorde-moi la constance et la vertu afin que dans la vraie connaissance de cet Art, moi N., je puisse t'adorer, toi qui connais les dons de ta bonté, qui vis et règne, &c.

Pendant quatre jours la Figure de la Mémoire devra être consacrée avec ces Oraisons.

O Père de toutes les Créatures, du Soleil et de la Lune.

Puis, le dernier jour, qu'il se lave et porte des vêtements et des parures propres, et dans un endroit propre, qu'il fasse une fumigation d'Oliban sur lui-même, et qu'il se présente dans la nuit à une heure convenable tenant une lumière allumée, mais qu'aucun homme ne puisse voir ; et au chevet du lit, sur vos genoux, prononcez cette Oraison avec une grande dévotion.

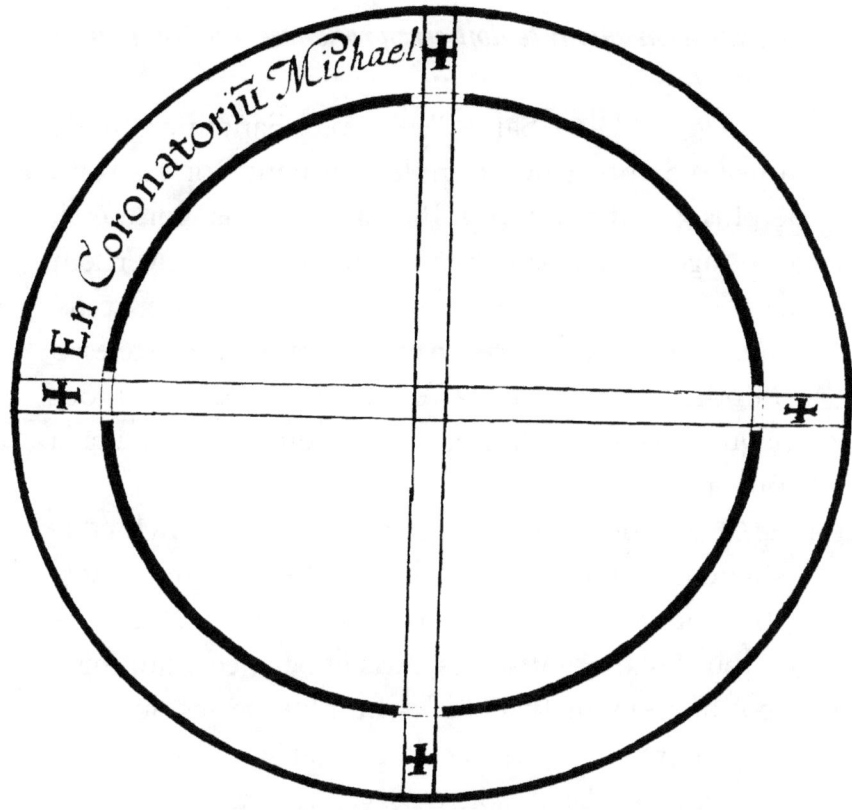

La Figure de la Mémoire

O très grand et très Saint Père, sept ou neuf fois : puis avec un grand respect, posez la Figure près de votre tête et allez vous coucher dans votre lit, lequel sera pourvu de draps propres et ne doutez point que vous obtiendrez ce que vous désirez, car cela a été prouvé par plusieurs, à qui de tels secrets divins appartenant au Royaume Céleste sont accordés, *Amen*.

l'Oraison suivante doit être prononcée à votre lever.

O grand Dieu, Saint Père, le plus Sanctificateur de tous les Saints, trois et un, le plus haut Roi des Rois, le plus grand Dieu Tout-Puissant, le plus glorieux et très sage Dispensateur, Modérateur et Gouverneur de toutes les Créatures visibles et invisibles. O puissant Dieu, dont la terrible et très grande Majesté est à craindre, dont le Ciel, la Terre, la Mer, l'Enfer, et tout ce qui s'y trouve, admire, révère, tremble, et obéit à la toute-puissance.

O très puissant, très grand et le plus invincible Seigneur Dieu de Sabaoth. O Dieu incompréhensible ; merveilleux Créateur de toutes choses, le Maître de tous les apprentissages, Arts et Sciences ; qui miséricordieusement Instruis les humbles et les doux. O Dieu de toute sagesse et de connaissance, en qui se trouvent tous les trésors de sagesse, Arts et Sciences ; qui es capable d'infuser instantanément la Sagesse, le Savoir et l'Apprentissage à n'importe quel homme ; dont l'Œil voit tout ce qui est passé, présent et à venir ; qui es le Chercheur quotidien de tous les cœurs ; à travers qui nous sommes, nous vivons et nous mourrons ; qui es assis sur les Chérubins ; qui seul vois et règne le puits sans fond ; dont la parole donne la Loi à travers le Monde universel. Je me confesse en ce jour devant ta Sainte et glorieuse Majesté et devant la compagnie de toutes les vertus Célestes et des

Potentats, priant ta glorieuse Majesté, invoquant ton grand Nom, qui est un Nom merveilleux et au-dessus chaque Nom, en te bénissant, O Seigneur mon Dieu. Je te supplie également, Très-haut Seigneur tout-puissant, qui es le seul à adorer ; O toi grand et redoutable Dieu *Adonay*, merveilleux Dispensateur de toutes les béatitudes, de toutes les Dignités et de toutes les bontés ; Donneur de toutes choses à qui tu le désires, avec miséricorde, abondance et de façon permanente : envoie sur moi aujourd'hui le don de la grâce de ton Saint-Esprit. Et maintenant, O Dieu le plus miséricordieux, qui a créé *Adam* le premier homme, selon ta propre image et ressemblance ; fortifie le Temple de mon corps, et puisse ton Saint-Esprit descendre et habiter dans mon Cœur afin que je puisse briller les merveilleux rayons de ta Gloire ; comme il t'a merveilleusement plu d'œuvrer dans tes Saints fidèles. Et donc, O Dieu, le plus merveilleux Roi et gloire éternelle, envoie du siège de ta glorieuse Majesté une bénédiction de sept fois ta grâce, de l'Esprit de Sagesse et de Compréhension, de l'Esprit de la fortitude et du Conseil de l'Esprit de connaissance et de Piété, de l'Esprit de la peur et de l'amour de toi, pour comprendre tes merveilleux mystères Saint et occultes, lesquels il te plaît de révéler et te convient de connaître, de sorte que je puisse comprendre la profondeur, la bonté et l'inestimable douceur de ta plus immense Miséricorde,

Piété et Divinité. Et maintenant, O Seigneur très miséricordieux, qui insuffla au premier homme le souffle de la vie, sois heureux en ce jour pour infuser dans mon Cœur une vraie perception parfaite, puissante et une bonne compréhension en toutes choses ; une Mémoire rapide, durable et indéfectible, et une Éloquence efficace ; la douce, rapide et perçante grâce de ton Saint Esprit et de la multitude de ces bénédictions que tu accordes si généreusement. Accorde afin que je puisse mépriser toute autre chose, et te glorifier, te louer, t'adorer, te bénir et t'amplifier, toi le Roi des Rois et Seigneur des Seigneurs ; et offres toujours ta louange, ta miséricorde et ta toute-puissance afin que tes louanges soient toujours dans ma bouche ; et que mon Ame devant toi puisse être toujours enflammée de ta Gloire. O toi qui es Dieu tout-puissant, Roi de toutes les choses, la plus grande paix et la plus parfaite sagesse, la douceur et le délice ineffables et inestimables, l'indicible joie de toute bonté, le désir de tous les bienheureux, leur vie, leur réconfort et leur fin glorieuse ; qui étais de l'éternité, et qui es, et qui seras toujours la vertu invincible, sans parts ou passions ; Splendeur et gloire inextinguible ; bénédiction, honneur, louange et vénérable gloire devant tous les Mondes, depuis et toujours dans les siècles des siècles, *Amen.*

l'Oraison suivante a le pouvoir d'expulser toutes les convoitises.

O Seigneur, Saint Père, Dieu éternel tout-puissant d'une inestimable miséricorde et d'une immense bonté; O très miséricordieux *Jésus-Christ*, réparateur et restaurateur de l'humanité; O Saint-Esprit, consolateur et amour des fidèles: qui tiens la Terre entière entre tes doigts, et supportes toutes les Montagnes et les Collines dans le Monde; qui accomplis des merveilles qu'on ne peut découvrir, du pouvoir que rien ne peut résister, dont les voies qu'on ne saurait sonder. Défends mon Ame, et délivre mon Cœur des viles cogitations de ce Monde; par ta puissance, éteins et réprime en moi toutes les étincelles de luxure et de fornication afin que je puisse aimer davantage et plus intentionnellement tes œuvres, et que la vertu de ton Saint-Esprit puisse croître en moi, parmi les dons de sauveur remis à tes fidèles pour le réconfort et le salut de mon Cœur, de mon Ame et de mon Corps. O très grand et très Saint Dieu, Créateur, Rédempteur et Restaurateur de l'humanité, je suis ton serviteur, le Fils de ta main créatrice et l'œuvre de tes mains: O Dieu très miséricordieux et Rédempteur, je pleure et soupire sous le regard de ta grande Majesté, te suppliant de tout mon cœur de me restaurer, moi un misérable pécheur, de me recevoir dans ta grande miséricorde; accorde-moi l'Éloquence, l'Apprentissage et la Connaissance, pour que ceux qui entendront mes paroles, les perçoivent mélodieusement dans leurs Cœurs ; que de voir et entendre ta sagesse, le fier devienne humble et entende et comprenne mes paroles avec une grande humilité ; et considère la grandeur et la bonté de tes bénédictions, qui vit et règne maintenant et à jamais, *Amen.*

Notez que si vous désirez savoir quoi que ce soit que vous ignorez, plus particulièrement à propos de toute Science, lisez cette Oraison à trois reprises : *Je me confesse à toi en ce jour, O Dieu le Père du Ciel et de la Terre* ; et à la fin, exprimez ce pourquoi vous désirez être entendu ; puis ensuite, le soir lorsque vous irez au lit, prononcez l'Oraison *Theos* au complet, et le Psaume : *Qui Habitat*, avec ce verset : *Emitte Spiritum* ; et allez dormir. Prenez avec vous la Figure conçue à cette fin et posez-la sous l'Oreille droite. Et environ à la deuxième ou troisième heure de la nuit, vous verrez vos désirs et vous saurez sans le moindre doute ce que désirez découvrir ; et écrivez dans votre main droite Alpha et Omega, avec le signe de la Croix, et placez cette main sous votre Oreille droite, et jeûnez le lendemain ; mangeant seulement qu'une fois de la viande utilisée lors des journées de jeûne.

{Finis.}

Table des Matières

Ars Notoria

Préface de l'éditeur 9
l'Épître Dédicace 13
Aux Lecteurs Ingénieux 15
Introduction 17
l'Art Notoire de Salomon 19
[Règles Générales] 25
[Règles Speciales] 61
[Ars Nova] 97

www.ingramcontent.com/pod-product-compliance
Lightning Source LLC
LaVergne TN
LVHW051840080426
835512LV00018B/2988